俄语语篇隐含的语义与功能研究

——以契诃夫小说为例

陈铭　著

A Semantic and Functional Study of Russian Textual Implicitness

— Exemplified in Chekhov's Stories

中央民族大学出版社
China Minzu University Press

图书在版编目（CIP）数据

俄语语篇隐含的语义与功能研究：以契诃夫小说为例 / 陈铭著 . -- 北京：中央民族大学出版社，2025. 5. -- ISBN 978-7-5660-2495-4

Ⅰ. H354；I512.074

中国国家版本馆 CIP 数据核字第 2025C4M788 号

俄语语篇隐含的语义与功能研究 —— 以契诃夫小说为例

EYU YUPIAN YINHAN DE YUYI YU GONGNENG YANJIU — YI QIHEFU XIAOSHUO WEILI

著　　者　陈　铭

策划编辑　赵　鹏

责任编辑　杜星宇

封面设计　舒刚卫

出版发行　中央民族大学出版社

北京市海淀区中关村南大街 27 号　　邮编：100081

电话：（010）68472815（发行部）　传真：（010）68933757（发行部）

（010）68932218（总编室）　（010）68932447（办公室）

经 销 者　全国各地新华书店

印 刷 厂　北京鑫宇图源印刷科技有限公司

开　　本　787 × 1092　1/16　　印张：14

字　　数　201 千字

版　　次　2025 年 5 月第 1 版　2025 年 5 月第 1 次印刷

书　　号　ISBN 978-7-5660-2495-4

定　　价　72. 00 元

前　言

隐含问题的研究涵盖了诸多类型的语言和言语现象，如隐性语法范畴、隐性陈述、隐性称名、会话含意、间接言语行为等，这些现象可依附于词形、词汇、词组、句子、语篇等各层级单位，涉及语法学、语义学、词汇学、语用学等多种学科分支领域，这表明隐含问题是一个有着巨大探索空间和广阔研究前景的课题。

本书以俄语语篇隐含为研究对象，综合运用语篇语言学、语义学、修辞学等分支学科的理论，采用归纳法、分类描写法和文本分析法，以俄国作家安东·巴甫洛维奇·契诃夫小说作品为语料，从属性特征、类型划分、隐含语义的语言表达手段、语篇功能等方面对文学语体中的语篇隐含进行了较为全面的探索。本书首先对基础概念隐含的相关理论问题进行阐述和梳理，进而对语篇隐含做系统性描写，再结合具体语料论证分析。

研究表明，隐含是语言单位和言语产品间接表达出的意义、意思或内容，与语词表达的外部形式及显性语义成分相互作用，能够通过接收者的惯性语言意识或逻辑思维活动获得理解，理解结果因接收者个人因素而产生差异。根据语言和言语的对立关系可划分出语言隐含和言语隐含，根据隐含物质载体所属的语言系统层级可划分出形态层次的隐含、词汇层次的隐含、句子层次的隐含和超句层次的隐含。

语篇隐含是在语篇微观上下文中由创作者间接、隐晦表达的意思成分，包括关于现实或非现实世界的客观内容，对客观内容的主观认识和态度以及接收者附加性、联想性的补充理解。划分语篇隐含要在考虑语篇内容类型的基础上遵循三个基本原则：区别不同的功能语体类型、针对不同的体裁类型、严格区分形式的删略和意思的隐藏。文学语体下叙事作品中的语篇隐含可划分为客观事实隐含、主观感情评价隐含、交际隐含和文化隐含。在契诃夫小说作品中，较为典型的隐含语义的语言表达手段包括：词汇手段，如词的伴随意义成分、词汇重复、外语词等；句法手段，如嵌入结构、句法重复等；结构–修辞手段，如段落的划分、对照、平行结构等。文学作品中的语篇隐含一方面发挥帮助实现语篇的关联性范畴特征、语义节省、增强作品表情性的语篇构建功能；另一方面以其丰富、特殊的语言表达手段发挥提升作品美学价值的审美功能。

本书完成了对隐含及语篇隐含基础理论问题的阐释以及文学语体中语篇隐含的类型划分、语言表达手段的实例分析及其语篇功能诠释的研究。本书成果可推广到其他语种、其他语体及体裁类型的语篇研究中，以推动语篇隐含理论体系的构建和研究方法的不断完善。

陈铭

2025年2月

目　录

第一章 绪 论

1.1 选题缘由

语言学领域的隐性问题研究已有近百年的历史，近些年来也依然是学界关注的热点。在隐性问题的框架下涵盖了多种语言和言语现象，如隐性语法范畴、隐性陈述、词句的隐义、会话含意、间接言语行为、文化内涵等。这些现象可归结为语言符号表达层面与内容层面的不对称，统称为隐含。研究者们对隐含现象进行探究，归根结底是在探索意义和意思表达的内隐性问题，是在思考语言和言语表意单位表达层面和内容层面的关系问题。意义和意思的表达之所以有外显性和内隐性之分，是因为人类语言系统有着无限大的表意潜能，而作为语言操纵者的人积极发挥着自身的主观能动性。

隐含是一个复杂但又有巨大探索空间的课题，它所涵盖的语言和言语现象可依附于词形、词汇、词组、句子、语篇等各层级单位，涉及语法学、语义学、词汇学、语用学、语言文化学等多个学科分支领域。在众多性质不同的隐含现象中，随着语篇语言学的蓬勃发展，语篇中的隐含问题逐渐走入研究者的视野。尽管学者们在语篇潜台词的解读、将会话含意理论引入语篇分析、隐含表达策略及隐义推导等方面积累了一定的成果，但从总体研究现状来看，依然有一些基本理论问题值得反复探讨，对语篇隐含分析方法和视角的选择上也还有不少可以补充的方面，主要体现在以下四点：

（1）关于隐含概念的一些基本理论问题尚存争议。首先，对术语“隐含”的定义阐释过于简单抽象。在各类俄语语言学术语词典中，“隐含”一词常被解释为“不明显”“暗含”，与“外显”相对，有时甚至与“潜台词”等同起来，缺少更为详细的术语界定及对其区别性特征的描述。其次，国内外不同研究流派对隐含现象赋予的内涵和类型划分大相径庭，许多著述中的定义和分类并不能全面展示隐含现象的性质和特点，不利于形成隐含研究的系统性理论框架。最后，在与隐含相关的文献中，概念的混用现象较为普遍，如潜台词、蕴涵、含意、预设、暗示、省略等。在一些著述中隐含与蕴涵是同义术语，在另一些著述中潜台词属于隐含的一种，还有的把隐含和含意对等起来。如果针对同一种现象产生了过多的术语，或术语阐释互有重合，容易出现概念上的混乱，不利于论述的严谨性与科学性。

（2）对语篇隐含的概念、边界及属性特征等问题的论述尚不充分。同隐含概念一样，在许多著述中，语篇隐含的定义常被一带而过，更缺少对其属性特征的详细描述，如语篇隐含的范围界限问题、是否具有标记性和特殊的形式体现、其表达是否符合语篇创作者主观意图、语篇隐含解读产生差异性的原因等等。

（3）关于语篇隐含的分类原则，学者们虽提出多种方案，但没有考虑不同功能语体对语篇言语表达方式的影响因素，如言语的形式（口头还是书面）、交际服务领域（日常生活、政治经济、科学普及、文化传播等）、体裁（抒情作品、叙事作品、戏剧作品等）、表现方式（记叙、描述、议论等）、言语类型（独白还是对话）等等。这些语言外因素对作为语篇隐含物质载体的语篇言语组织的影响不容忽视，也就是说，语篇隐含分类原则的提出应当更具有针对性。

（4）将话语含意研究相关的语用学理论用于语篇隐含的解读虽有一定成效，但过于针对语篇中的会话言语则忽视了会话以外的语篇内容。这类研究本质上更接近交际框架内日常口语会话的隐义研究，因而并不能涵盖所有被潜藏在语篇各组成部分中的意思成分。应当全面考虑语篇标题、题记及除会话内容之外的任何叙述、描写、议论部分同样承载着隐性意思成分的情形。

目前，国内学界的隐含研究成果并不算多。鲜有研究隐含问题的专著；以“隐含”或“语篇隐含”为标题的博士论文尚无，硕士论文虽有涉及文学、新闻、对话语篇的隐含分析，但为数不多；期刊文章过于集中在对会话含意的解读及广告、演讲、新闻语篇的交际语用分析上。鉴于此，笔者希望在整合国内外隐含及语篇隐含研究成果的基础上，对隐含问题有更为全面的把握和认识，对语篇隐含问题有更细致、更深入的探索。

1.2 研究对象

本书以俄语语篇隐含为研究对象。在对语篇隐含开展深入研究之前，“隐含”是与之密切相关的、需要首先进行阐释的重要概念。

隐含本身是一种复杂的多层面现象，其复杂性一方面来源于语言自身的复杂性，另一方面来源于语言操纵者以及人所进行的言语活动的因素，与人的思维活动、言语表达、情景要素等有密切关系。此外，隐含的复杂性还体现在它的多种产生根源上。结合隐含的不对称性、两层面性、间接性、可获知性、与显性成分相互作用、非单义性的本质特征，笔者对隐含概念做如下阐释：隐含是语言单位和言语产品间接表达出来的意义、意思或内容。它与语词表达的外部形式及显性语义成分相互作用，能够被接收者感知，通过接收者的惯性语言意识或逻辑思维活动获得理解，但理解结果可能因接收者的个人因素而产生差异。根据语言与言语之间的对立关系，隐含可划分为语言隐含和言语隐含；根据语言系统单位的层级，隐含可划分为形态层次的隐含、词汇层次的隐含、句子层次的隐含和超句层次的隐含。其中，作为本书研究对象的语篇隐含属于超句层次的隐含。

语篇隐含以语篇的表层组织结构为其物质载体。语篇不仅是最高层级的语言单位和言语交际产品，更是人类言语思维的统一体，具有整体性、关联性等基本特征。语篇隐含是在语篇微观上下文中间接、隐晦表达的意思成分，不具有明显的标记性，在语篇的形式组织层面可以有其特殊的体现方式，是语篇语义层面不可或缺的组成部分。语篇隐含的存在符合语篇创作者的主观意图，具有预先计划性，对它的获知需要语篇接收者在语境中进行逻辑推理活动。

语篇隐含对于某一功能语体来说具有相对的共性特征，对于同一功能语体下的不同体裁语篇具有明显的差异性特征，并且对于不同创作者的具体语篇来说又具有绝对的个性特征。因此，笔者把语篇隐含研究的落脚点最终放在了文学语篇隐含的分析上，并选取同一个作家的作品为语料，使分析研究更加具有针对性。根据文学语篇的言语组织特征与内容类型，笔者把文学语篇中的隐含具体划分为：客观事实隐含 —— 间接表达的对现实或非现实世界里正在发生、已经发生或将要发生的事实、事件、过程等的报道；主观感情评价隐含 —— 隐晦表达的感情色彩及评价立场；交际隐含 —— 与字面意思无关的、规约性程度不同的意向性意思；文化隐含 —— 间接呈现的语篇所处的语言文化外部环境。

1.3 研究目的与任务

本书旨在综合运用语篇语言学、语义学、修辞学等分支学科的理论及方法，对语篇隐含做系统性描写和论证分析。现有语篇隐含研究在基础理论问题及实例分析上存在一些争议和不足。笔者期望在本书研究过程中提出解决争议性问题的思路，补充现有研究成果。为达到这些目的，笔者设定了以下六项主要任务：

（1）对俄罗斯学界、欧美学界、国内学界的隐含研究做归纳概括，梳理隐含研究的主要脉络。

（2）对隐含概念及其本质特征做详细阐述，区分与之密切相关的一系列易混概念。

（3）对隐含进行科学的类型划分，为开展语篇隐含的研究理清思路、做好铺垫。

（4）揭示语篇隐含的属性特征，确立类型划分应遵循的基本原则，确定以文学语篇隐含作为分析论证的最终落脚点，对文学语篇中的隐含类型进行划分并辅以例证描述每种类型的特征。

（5）针对特定作家的文学作品，归纳文学语篇隐含语义的语言表达手段，结合丰富语料分析这些手段如何实现隐性意思的间接表达。

（6）阐明语篇隐含在文学作品中发挥的语篇构建功能与审美功能。

1.4 研究综述

1.4.1 俄罗斯学界研究概述

俄罗斯学界侧重对语言和言语各层级单位的隐性意义、意思和内容的研究，以描写分类和对语篇隐含的解读分析见长。目前，俄罗斯的隐含研究方兴未艾，近二十年来举办了若干场以隐含研究为主题的研讨会。如1995年在普希金俄语学院举办了“语言和言语中的隐性信息”学术研讨会；2005年于加里宁格勒举办了“语言的语义-话语研究：意思表达的外显性与隐含性”国际研讨会，于2006年出版了会议文集《语言的语义-话语研究：意思表达的外显性与隐含性》(«Семантико-дискурсивные исследования языка: эксплицитность/имплицитность выражения смыслов»)；2010年在俄罗斯科学院维诺格拉多夫俄语研究所举办了“语篇与潜台词：显性和隐性诗学”主题研讨会，于当年出版了会议文集《语篇与潜台词：显性和隐性诗学》(«Текст и подтекст: поэтика эксплицитного и имплицитного»)。

作为语言学、心理语言学、语用学、认知学等领域的研究对象，术语隐含的内涵有多种理解角度和阐释方式。通常认为，字面上没有明确表达，但能从外显表达手段中被识别出来的语义成分即是隐含。一些学者认为，不存在没有被表达出来的意思，外显和隐含的对立是相对的，而任何意思成分的表达都是绝对的。学者费多修克（М.Ю. Федосюк）著有《语篇中信息传递的隐性方式》(«Неявные способы передачи информации в тексте»）一书，认为“如果语篇中的某些内容无所表达，那它就是不存在的。因此，隐性内容毫无疑问是被表达出来的内容，但是是通过特殊方式表达的。隐性内容是指那些没有直接表达的、从语言单位的外显内容中依靠接收者自身知识以及从语境和交际情境中所汲取信息而得出的内容”。（Федосюк 1988）

对隐含的分类描写在俄罗斯隐含研究的理论框架中占重要地位。学者们注意区别源于语言内在属性的隐含和与言语情景息息相关的隐含。邦达尔科（А.В. Бондарко）在文章《语义范畴化系统中意思表达的外显性与隐含性》（«Эксплицитность / имплицитность выражения смыслов в общей системе категоризации семантики»）和《语义内容的隐性表达问题》（«К вопросу об имплицитном представлении семантического содержания»）中把隐含划分为情景隐含和系统-语言隐含，两者涉及不同的语义层次。情景隐含要求从言语情景和相应情景信息中提取的意思与语言手段表达出来的意义相结合。系统-语言隐含与语言意义特别是语法意义的言语实现有关。邦达尔科把蕴涵（импликация）看作系统-语义隐含的一种，它的前提是语义无标记性。比如，动词未完成体的语义无标记性体现在它不仅能表达与完成体语义相反的意义，还可以隐性地表达原本由完成体形式外显表达的“行为限制性”和“新情景的产生”等语义特征，这类用法包括历史现在时、舞台现在时等。语义内容的隐性体现并不局限于体范畴。邦达尔科分别列举了不同语法语义领域中的系统-语言隐含，如命令式形式表达未来视角，客体、主体和述体的语义蕴涵，隐性感知等。（Бондарко 2006, 2008）

相比起邦达尔科侧重系统-语言隐含，杰米扬科夫（В.З. Демьянков）关注的是言语运用中的隐含以及言语隐含的理解方式。他在《言语隐含的理解技巧》（«О техниках понимания имплицитности речи»）一文中把隐含定义为“说话人在言语中没有完全‘注入’某些内容，但是受话人能够理解并且提前补充性地解读出来”。（Демьянков 2006：36）理解隐含的技巧在于确定什么是说话人没有注入的，在于如何依据语篇本身、语篇接收环境甚至作者的生活轨迹补充这一空白。针对有目的性的交际，通常可以采用言语行为理论、话语分析诠释隐性意思，分析言语的语义、句法、语用特点。

叶尔玛科娃（Е. В. Ермакова）著有文章《隐含问题的多面性：语言和言语中的隐含》（«Многоаспектность проблемы имплицитности: имплицитность в языке и речи»）、《文学语篇中隐含的若干来源》（«О некоторых источниках имплицитности в художественном тексте»）等。她对隐含所下的定义强调了两点：第一，隐含是语言单位的内在属性，它与词汇特征无限多的结构可能性相关，通过交际语境来凸显；第二，隐含必须通过言语实现。她赞同区分语言隐含和言语隐含，不过"无论这种方法多么富有成效，也不应该忘记这种区分法的相对性、语言现象和言语现象之间的相互联系以及语言语义的言语实现"。（Ермакова 2009：59）

分析言语隐含的基本单位是语句（высказывание）。任何句子都具有意思上某种程度的不完整，正如兹韦金采夫（В.А. Звегинцев）所说："我们从一个语句里获知的信息比它作为语言结构单位所包含的内容多得多。"（Звегинцев 1976：206）多利宁（К.А. Долинин）撰文《语句的隐性内容》（«Имплицитное содержание высказывания»）论述了语句层面隐性内容的产生机制，揭示了关键的语言因素和超语言因素。在他的观点中，隐性内容和潜台词是同一种现象，不光是文学作品的个别体裁和流派所固有，也是人类言语活动所具有的。"组成报道的全部语言符号直接表达的内容，是语句的意义或显性内容；而在语言单位的常规词汇和语法意义里没有直接体现的、在理解语句时获知的或可以被获知的内容，是语句的隐性内容或潜台词。"（Долинин 1983：37）多利宁把隐性内容或潜台词划分为指称潜台词和交际潜台词两种，前者是语句的称名内容，反映某一指称情景，它产生的重要前提是现实客体和现象的相互联系体现在对世界的认识和概念的相互关系中；后者属于语句的交际内容，与交际行为本身和参与者相关。

弗罗尔金娜（Л.В. Фролкина）在副博士学位论文《语句意向性意义表达与理解过程中的意思隐含》（«Смысловые импликатуры при выражении и восприятии интенционального значения высказывания»）中对隐含的分类更为细致全面，对当前隐含研究有较大的启发性。她认为隐含（имплицитность）分为形式隐含（省略、不完全结构）和内容隐含，内容隐含又分为非意向性含意和意思隐含（смысловые импликатуры）。意思隐含分为语句层次隐含和语篇层次隐含。（Фролкина 1995）

俄罗斯隐含研究以对语篇隐含的解读分析见长。诺维科夫（А.И. Новиков）和别什科娃（Н.П. Пешкова）将语篇隐含定义为语篇的内容和意思成分，它在语篇外部结构里没有体现，但存在于语篇的内部结构中，并且是语篇深层形式不可或缺的组成部分。语篇作为一种多层次的思维产物，体现为至少三种形式的信息：第一，在语篇语言手段作用下直接产生的信息；第二，已知的“旧”知识，是补充性的、理解语篇必不可少的基础；第三，在已知联系和关系的基础上从语篇内容中提取的新信息。别什科娃在文章《语篇中的隐含：阻碍与动因以及理解的条件》（«Имплицитность в тексте: препятствие vs стимул и условие понимания»）中把第二种信息称为“预设”，第三种信息称为“蕴涵”，两者合起来就是语篇隐含的内容。（Пешкова 2009）诺维科夫在著述《语篇及其意思核心》（«Текст и его смысловые доминанты»）中采用心理语言学的实验法研究了科普语篇理解过程中预设和蕴涵的再现机制。他强调语篇接收者在理解过程中的积极作用，语篇接收者并非只是消极地“被灌输”语篇所包含的信息，并非只是投射语篇内容的“屏幕”，他本身在构建一种“逆文本”（встречный текст），或者叫“反文本”（контртекст）。（Новиков 2007）诺维科夫以科普语篇为实验文本，让受试者以文字形式呈现个人在重现文本隐含信息时的反应，构建逆文本，实验目的是呈现预设和蕴涵再现机制的运行。

加利别林（И.Р. Гальперин）在《作为语言学研究对象的语篇》（«Текст как объект лингвистического исследования»）一书中从信息性角度把语篇内容划分为事实内容信息、观念内容信息和潜在内容信息。事实内容信息是对正在发生、已经发生、将要发生的事件、事实、过程的报道。观念内容信息告知读者作者个人对事实内容信息所描写现象之间的关系、现象在社会、政治、经济、文化生活中的意义的理解。潜在内容信息是从事实内容信息中提炼出来的隐藏信息。加利别林虽然没有直接提出语篇隐含的概念，更没有对语篇隐含进行分类，但他区分的三种语篇信息内容对研究语篇隐含的划分有直接启发。（Гальперин 2007）

阿尔诺利德（И.В. Арнольд）在文章《作为语篇构建手段及语文学研究对象的隐含》（«Импликация как прием построения текста и предмет филологического изучения»）中采用的术语是语篇蕴涵（текстовая импликация），认为语篇蕴涵是附加的、暗示的意思，不仅传达事物－逻辑信息，还传达主观－评价和情感信息。阿尔诺利德把研究限制在小语境范围内，即语篇里反映的情景，包括人物、时间、地点、人物行为及涉及的物体，其形式界限是超句体、对话统一体或段落。（Арнольд 1982）阿尔诺利德通过分析《战争与和平》里的文学语篇蕴涵解释作品中作者和人物语言的深层意思，同时讨论了诸如隐含与省略、潜台词、预设的关系等一系列问题。

同样研究文学语篇隐含的还有费多修克，他的侧重点是语篇隐性信息的表达方法，尤其是隐性陈述（имплицитная предикация）。他在专著《语篇中信息传递的隐性方式》（«Неявные способы передачи информации в тексте»）中采用了两种分类原则划分语篇隐含。首先，根据语篇发出者的交际意向划分出语篇隐性内容（符合发出者的显性交际意向，接收者必须理解）、潜台词隐性内容（发出者有意传达，但接收者不是必须理解）、语篇附加隐性内容（可以推导出来，但并非发出者的交际意向）。其次，根据语篇隐含的功能划分出结构性隐性内容（理解语句所必须的内容要素）、伴随性隐性内容（附加在内容要素上的修辞性内容或意味）和交际性隐性内容（其解释需要建立新的语句补充已有内容）。（Федосюк 1988）

1.4.2 欧美学界研究概述

隐含研究的一个重要视角是言语交际的理解和说话人意图的分析，欧美语言学家提出的言语行为理论、合作原则、会话含意理论、礼貌原则、关联理论等为此提供了多种途径。

英国哲学家奥斯汀（J. L. Austin）的著述《如何以言行事》（*How to do things with words*）体现了其言语行为理论学说的思想精髓。他认为“说话就是做事”，言语行为就是以言行事的行为。（Austin 2002）奥斯汀的言语行为三分说区分了语谓行为、语旨行为和语效行为，其中语旨行为的施为用意通常用明示手段表达，最常见的明示手段是施为动词，奥斯汀划分了五类施为动词：裁断类、施权类、承诺类、表述类和行动类。美国哲学家塞尔（J. R. Searle）发展了奥斯汀的言语行为理论，著有《表述和意义：言语行为理论研究》（*Expression and Meaning: Studies in the Theory of Speech Acts*）。他把言语行为分解为言外之力和命题内容，根据话语的施为用意划分了断言类、指令类、承诺类、表达类、宣告类五个类型。（Searle 1979）因赛尔发现有些施为用意隐含在语境中，无法从字面意思直接得出，所以提出了间接言语行为的概念。若言语行为的字面意义和功能之间有直接的联系，如疑问句用来提问、祈使句用来要求或命令，此为直接言语行为。若一种行为用另一种方式表达施为用意则是间接言语行为，比如“你能把窗户关上吗”并非询问对方是否有关窗的能力，而是在请求听话人实施关窗的行为。因此，隐含信息是言语活动的结果，与一定类型的言语行为尤其是间接言语行为有直接关系。

话语含意的产生还可以来源于对“合作原则”的违背。合作原则和会话含意理论是美国哲学家格赖斯（H. P. Grice）于20世纪70年代提出的。他在1975年发表的《逻辑与会话》（*Logic and Conversation*）中指出“根据会话目的或交流方向，说话人使自己讲出的话语在一定条件下是交际所需的。”（Grice 1975：307–308）为了会话的顺利进行，会话双方要遵守的基本原则即会话原则，包括量准则、质准则、关系准则、方式准则。当会话双方遵守合作原则时，话语意思就是字面表达的意思；当有意违反合作原则时，话语意思隐含在字里行间，这就是会话含意。格赖斯重点关注了会话含意的推导，根据合作原则及其各项准则的遵守和违反情况解释说话人如何间接地、委婉地表达交际意图。

格赖斯没有解释为何人们会违反会话原则，莱考夫（R. Lakoff）、布朗（P. Brown）、莱文森（S.C. Levinson）、利奇（N.G. Leech）提出的礼貌理论对这一点进行了补充。莱考夫在《礼貌的逻辑：注意自己的言谈举止》（*The Logic of Politeness: or Minding Your P's and Q's*）一文中提出说话人要遵守的礼貌规则是：不强求对方，给对方留有选择余地，让对方感到友好。（Lakoff 1973）布朗和莱文森在《语言使用中的普遍性：礼貌现象》（*Universals in Language Usage: Politeness Phenomena*）中指出面子意识在交际中的普遍需求性。在不同社会文化中，说话人都会出于顾及听话人的面子，而采取礼貌策略，包括直接性策略、正面礼貌策略、负面礼貌策略、间接性策略、放弃实施有损面子的行为。（Brown，Levinson 1978）利奇著有《语用学原理》（*Principles of Pragmatics*），提出会话礼貌原则，解释人们为何违背合作原则不直接表明意思，用含蓄的、“拐弯抹角”的方式进行交谈，这六条准则是：得体准则、慷慨准则、赞誉准则、谦逊准则、一致准则和同情准则。（Leech 1983）但实际上，并非所有违反合作原则的初衷都是顾及听话人的面子，并且礼貌原则的数量也可以有更多补充。

欧美学者在话语含意推导方面提出多种理论和模型。20世纪80年代，法国学者斯珀伯（D. Sperber）和英国学者威尔逊（D. Wilson）在《关联性：交际与认知》（*Relevance: Communication and Cognition*）一书中提出关联理论，展示了如何通过推理理解话语含意。（Sperber，Wilson 1995）相比之下，格赖斯的合作原则和准则是说话者和听话者必须知道的标准，交际活动的参与者也只有知道了这些标准才能进行恰当的交际。交际者一般都会遵守规则，但也可能违反它们以获取特定的结果，听话者运用有关这些标准的知识理解交际行为。而斯珀伯和威尔逊的关联原则是关于明示-推理交际的一种概括。交际者不需要知道关联原则就可以交际。交际者并不遵循关联原则，即使他们想违反也不可能。关联原则的适用性没有例外，每一个明示交际行为都传达一个关联的假设。（束定芳 2008：227）

莱考夫（G. Lakoff）著有《女人，火与危险事物：范畴显示的心智》（*Women, Fire and Dangerous Things: What Categories Reveal about the Mind*），他于20世纪80年代提出的理想化认知模型（Idealized Cognitive Model）指的是特定文化背景中说话人对某领域中的经验和知识所作出的抽象的、统一的、理想化的理解，这是建立在许多认知模型（Cognitive Modle）之上的一种复杂的、整合的完形结构，是一种具有格式塔性质的复杂认知模型。（Lakoff 1987：68）

1.4.3 国内俄语学界研究概述

国内俄语学界同时受到俄罗斯和欧美隐含研究的影响。一方面注重区分语言隐含和言语隐含，另一方面把会话含意理论用于分析文学、广告、新闻语篇等的交际语用特征。

邓军在文章《句子及篇章的蕴涵意义》中用“语表”和“语里”区别意义表达的外显性和隐含性：“语句本身所具有的、明显表达出来的意义可称为语表，而语句在特定语境下所表达的真正意义可称为语里。所谓语里，即人们借助于句法分析、语义分析和推理活动等从句子的表面结构获得的深层意义”。（邓军 1993）她以苏联著名的幽默讽刺类杂志《鳄鱼》为语料，指出语调在理解深刻内容、体会作者意图中的作用。邓军把语言知识看作理解蕴含意义的前提，包括词汇、句法、修辞等方面知识，列举了能明显体现蕴含意义的现象，包括近音词和形似词、成语异用、文字游戏等。此外，推导蕴涵意义还需具备丰富的背景知识。邓军引入苏联学者阿赫玛诺娃（O.C. Ахманова）及久边涅特（И.В. Гюббенет）的纵向语境（вертикальный контекст）概念，即作者为使读者更好地理解语篇而引证历史典故、文学作品情节的手法，分析了讽刺性模拟作品如何借助纵向语境表达蕴含意义。

徐翁宇在《语句的含意 —— 言语的隐性范畴》一文中探讨的语句含意指语句所包含的隐性主观意思，具有以下特征：主观性、深层性、语境性、规律或无规律性、与语句本意有内在联系。徐翁宇探讨的含意是与字面表达不同的意思，不包括非语词手段表达的隐性意思，如无连接词复合句的分句之间的意义，也不包括成语、谚语和俗语在字面意思之下的固定含意。他把语句含意分为规律性和非规律性两种。前者指部分疑问句、非疑问句及反应词语在特定语境中，其显性字面意思规律性地转化为隐性主观意思。后者“既无语词标志，又无语义转化规律，只能依靠语境才能推导出它的所指”（徐翁宇 2004：42），用于推导非规律性含意的语境要素包括情景、说话人的共同统觉基础、常识等。徐翁宇把语句含意看作言语隐性范畴的重要组成部分，具有一般显性范畴所不具备的交际–语用功能，它富于表情性和主观情态意义，常用于礼貌性的委婉表达，可以起旁敲侧击的作用。徐翁宇关于显性范畴和隐性范畴的提法虽没有被学界广泛引用和认可，但这一观点值得重视。

许汉成的专著《交际・对话・隐含》是目前国内俄语学界较为全面、详尽的以隐含为中心问题的著述。他在梳理古典格赖斯会话隐含理论、新格赖斯会话隐含理论、斯珀伯和威尔逊的关联理论、俄罗斯及国内学界隐含研究的基础上，引入了多家交际模型，根据语句含意的性质和规约化程度的不同把隐含分为八种：规约性指称隐含、规约性客观内容隐含、规约性主观内容隐含、规约性交际意向隐含以及非规约性指称隐含、非规约性客观内容隐含、非规约性主观内容隐含、非规约性交际意向隐含。许汉成利用关联理论解释了俄语语句含意的推导过程。（许汉成 2006）

孙夏南把句子隐性语义内容看作交际语法的研究课题。他在文章《交际语法的重要课题 —— 句子语义内容隐性初探》中指出："语句的内在涵义不总是外现的，有时不能靠表层词语完全、直接表达，而往往是内隐的，在同一表层结构下，可内隐着不同的深层语义。"（孙夏南 1995：1）他用术语"импликация"表示句子语义内容的内隐性，归纳了几种带隐性语义内容的句子类型：常规的语义内隐句，如带否定语义的疑问肯定句、带肯定语义的疑问否定句、带否定语义的陈述肯定句；潜结构的语义内隐句，如"*У него не сделай*！""*Я тебе поиграю*！"表达禁止、必须等威胁性语义；情景的语义内隐句，如"*Включи/ детская.*"的隐义为"*Включи телевизор, потому что начинается детская передача.*"句子的内隐语义内容不仅包括实义信息，还包括表示主观评价、情感色彩的情态意义，后者比前者隐藏得更深。孙夏南强调了研究语义内隐句的重要性和复杂性，并且提出了研究内隐句应当重视的几个方面，如语义内隐句的范围、类型、形式框架结构、实义重音组织、主观情态的分类、内隐句与同形非内隐句的对比、内隐句与等价同义句的对比、内隐句的语体属性研究等。

1.4.4 国内汉语学界研究概述

国内汉语学界首位明确提出“隐含”概念的是吕叔湘。他在《汉语语法分析问题》中谈论如何看待某些句法变化手段的问题时，区分了“省略”和“隐含”。他认为省略存在的条件是：“第一，如果一句话离开上下文或者说话的环境意思就不清楚，必须添补一定的词语意思才清楚；第二，经过添补的话是实际上可以有的，并且添补的词语只有一种可能。”而“隐含”不同于“省略”，隐含是意思上有，但实际上无法在语句中补出来，“必须可以添补的才能叫作省略”。在例句“他要求参加”和“他要求放他走”中，可以说“参加”前面隐含着“他”，“放他走”前面隐含着“别人”，但不能说省略了“他”和“别人”。（吕叔湘 2018：58–59）在另一篇文章《汉语句法的灵活性》里，吕叔湘强调“严格意义的省略应该只用来指可以补出来并且只有一种补法的词语，否则不能叫作省略，只能叫作隐含。可是这两者有时候也难分清”。（吕叔湘 1986：1–9）

在吕叔湘观点的影响下，汉语学界的早期隐含研究比较关注省略和隐含的区别和对比。张国宪同样在句子层面研究隐含，在《谈隐含》一文中他探讨了抽象句子的隐含问题，区别了隐含和省略、预设，对隐含进行了分类。他把隐含归结为不能在句子中添补，但在语义上暗含着某个词语，或者可以添补，但添补的词语不止一种可能的语言现象。隐含和省略的区别在于，省略成分的确定性与添补之后结构的合法性是共现关系，而隐含成分的确定性与添补之后的合法性是互补关系，两者只居其一。如“她擦玻璃擦得干干净净”只具有确定性，不具有合法性，不能补成“她擦玻璃擦得玻璃干干净净”。又如“打铃了，咱们快进教室吧”只具有合法性，不具有确定性，因为打铃一定有个施事者X，至于是老张还是老王无从确定。隐含和预设的区别在于，预设是发话人认定的交际双方都接受的共同背景，是从发话人角度出发的，是语句存在的前提，每句话必有预设。隐含是从受话人角度来说的，是个别句子结构固有的现象。受话人为了准确理解句子意义必须补回隐含成分。张国宪把隐含分为移位隐含、删略隐含和空位隐含三种类型，并分析了确指性隐含成分和虚指性隐含成分，前者被添补的信息是确定且无争议的，后者被添补的信息是虚泛的。张国宪所探讨的隐含是由句法格式的紧缩而形成的一种语言现象，比起句子的使用环境（上下文），他更多的是通过句子本身的结构来找出被隐含的成分。（张国宪 1993）他的这篇文章被认为是语法学史上系统研究隐含问题的开山之作。

徐思益的文章《谈隐含》着重区分了石安石的“蕴含”（entailment）、周礼全的“隐涵”（implicature）和吕叔湘的“隐含”概念。（格赖斯于1967年提出的“implicature”概念引进我国时，被学者们赋予了不同的释义，如石安石译作“寓义”，周礼全译作“隐涵”。此外，语言逻辑学术语“entailment”，石安石译作“蕴含”，周礼全译作“意涵”或“蕴涵”。）蕴含指句子在脱离语境的情况下从自身推理出的命题。周礼全的“隐涵”是一个语用学概念，“隐涵”主要根据语用规则得出，涉及合作准则和交际语境。吕叔湘的“隐含”是“根据话语的‘意思里有而话语里不出现’的情况省略名词、动词等现象，这是针对汉语特点提出的一种崭新的深层次的语义概念。”徐思益对“隐含”的理解基本沿用了吕叔湘的观点，把“隐含”看作意思里有而话语里不出现的语义现象。“隐含都出现在复句里，因它必须先出现前言语句，或凭借上下文，或依托交际语境先表达背景知识，否则隐含无据。”省略和隐含的相同点是，它们都出现在后语部分；省略必定在前言部分有先行语，隐含则无需先行语，因为结构上不缺什么。根据他的隐含观点，应当把“他在食堂吃的饭”“我用冷水洗的脸”这类句子看作一种后续句，没有前言起始句（如“老张爱人不在家”“热水用完了”）的话不能单用。这种句子的逻辑语义结构隐含着生活推理。“逻辑思维规律的每个环节无须用语句都表现出来，这就是语句中出现的

隐含。”（徐思益2000：91–95）

通过对俄罗斯、欧美及国内学者研究成果的梳理，我们对隐含研究的现状有了整体了解。俄罗斯学者注重隐含的概念界定和类型划分，尤其重视对语篇隐含的分类描写，并以对文学语篇的分析解读见长。欧美学者重点分析言语交际中的说话人意思和意向。国内俄语学界受俄罗斯和欧美学者的双方面影响，但更倾向于采用会话含意理论解读言语交际中的隐含意思，并且近年来出现一些将会话含意理论用于分析文学语篇、演讲语篇、新闻语篇等的研究；国内汉语学界则侧重于讨论句子层面上省略和隐含的区分问题。

1.5 研究方法及语料

本书在遵循俄罗斯学界研究传统的基础上运用多种研究方法对语篇隐含进行分析。

归纳法：在对文献进行阅读整理的基础上对俄罗斯学界、欧美学界及国内学界隐含问题研究的历史、现状、视角与方法等进行梳理总结和概括归纳，以期在前人成果中汲取权威性观点辅助本书论证。

分类描写法：根据前人研究成果的启发，提出对隐含及语篇隐含进行类型划分的原则和依据，遵循科学的划分标准进行分类并对每种类型辅以例证进行细致描写。

文本分析法：在反复阅读、仔细挑选恰当语料的前提下，立足文本，从寻找文本表层形式结构上的特点到挖掘文本内部的深层意思，考察语篇创作者为表达隐含语义所采用的语言表达手段及这些手段在文学语篇中发挥的语篇构建功能和审美功能。

本书所用俄文语料选自契诃夫（А.П. Чехов）小说集，中文译文来自汝龙所译《契诃夫小说全集》。契诃夫作为俄国现实主义小说巨匠，一生中创作了众多题材多样、寓意深刻的杰出作品。他的作品无论是创作于初登文坛的“安东沙·契洪特时期”，还是从幽默文学转向严肃文学后的成熟时期，都具有很强的可读性及研究价值。作家的中短篇小说作品以叙述形式上的简洁明快及内容上的丰富深刻给读者和研究者留下深刻印象，因而是本书进行语篇隐含研究的理想语料。

1.6 研究新意与价值

本书研究新意主要体现在两个方面。

第一，将语法领域的隐性语法范畴研究及语用领域的话语含意研究归为语言学领域隐性问题研究的两个主要层面。这两种研究的实质是探索语言单位和言语产品表达层面与内容层面的不对称现象。这样就把以往冠以隐含研究之名，但实际上描写对象大相径庭的两类研究区别开并纳入同一个大框架下，为尝试建立全面的隐含研究理论体系理清了思路。

第二，借助语篇语言学的理论基础，将隐含及语篇隐含的共性研究推进到具体言语作品的个性研究中去。对隐含及语篇隐含的详细定义、区别性特征的细致阐释以及针对文学语篇隐含的分类描写补充了国内学者对相关问题的论述。不同于以往语篇隐含研究大多以广告语篇、演讲语篇、新闻语篇为语料进行文本的交际语用特征分析，本书选取特定作家的文学作品为语料，以语言学研究方法探究具体言语作品中语言形式组织与深层意思表达的关系。

本书研究的理论价值在于：

第一，对语言层面及言语层面隐含研究的归纳梳理、对隐含概念及属性特征的阐释丰富了国内学界对隐含基本理论问题的论述。尤其是对与隐含相关、相近概念的梳理与比较，有助于解决普遍存在的术语混用及论述欠缺严谨性的问题。

第二，针对以往国内学者的语篇隐含研究虽然会以文学作品为语料，但实际上只分析其中人物对话言语的不足，本书将文学作品中的任意语篇组成部分都看作可能的分析对象，解决了用会话含意理论研究语篇隐含所存在的片面性问题。

第三，与传统文艺学研究文学作品时看重作者个人经历、创作环境、时代背景、主题思想等语篇外因素不同，本书采用的语言学研究方法可以探究语言形式组织与深层意思表达之间的联系，这为研究作者个人风格及其作品美学价值提供了更广阔的研究视角和新的思路。

本书研究的实践价值在于：

对俄语教学实践而言，本书对语篇隐含的概念阐释与特征描述、对文学语篇隐含类型的划分及语言表达手段的归纳总结和细致描写、对语篇隐含功能的分析与论证可用作教师在俄语语篇语言学、俄语修辞学、俄语文学赏析等课程上的教学材料。文中的丰富语料也可以用作阅读理解、俄汉翻译的测试材料。

对俄语学习实践而言，本书对所选语料的细致解读可以帮助学习者掌握阅读、赏析俄罗斯文学作品的技巧，启发其透过表面文字获取不易发觉的潜藏信息，进而探寻作品的深刻主题。

对俄语翻译实践而言，本书研究成果能够帮助译者了解、掌握作家行文风格，更加准确地传达原文作者的意图与思想。

1.7 研究思路与结构

本书正文内容由三部分组成。

第一部分为绪论，介绍本书选题缘由、研究对象、研究目的与任务、研究综述、研究方法及语料、研究新意与价值、研究思路与结构。

第二部分为主要论证部分，由四个章节组成。第二章隐含研究的理论基础。在梳理以沃尔夫隐性语法范畴学说为代表的语法层面的隐性研究以及以奥斯汀言语行为理论、格赖斯会话含意理论等为代表的言语层面的隐性研究基础上，依据隐含的不对称性、两层面性、间接性、可获知性、与显性成分相互作用和非单义性的属性特征，对隐含概念下定义并做具体阐释：隐含是语言单位和言语产品间接表达出来的意义、意思或内容。它与语词表达的外部形式及显性语义成分相互作用，能够被接收者所感知，通过接收者的惯性语言意识或逻辑思维活动获得理解，但理解结果可能因接收者的个人因素而产生差异。为追求论述的科学严谨，着重论述并区分隐含研究里极易混用的概念：潜台词、蕴涵、预设、含意、省略，以及术语意义、意思、内容、信息的不同使用条件和适用主体。其中，潜台词与隐含存在许多相似之处，也有明显的区别性特征，潜台词研究的一些观点和方法可以借鉴到隐含研究中去。最后，根据语言与言语的对立关系以及语言系统的单位层级对隐含进行科学的类型划分。

第三章语篇隐含的定义、特征及类型划分。本章首先对作为语篇隐含物质载体的语篇及其主要属性特征做简要阐述：语篇不仅是最高层级的语言单位和言语创作活动的产品，也是最大的交际单位，更是人类言语思维的统一体，是人们认识世界、理解世界、交流思想的媒介；语篇具有整体性和关联性等基本范畴特征。其次，界定作为本书研究对象的语篇隐含的定义，归纳其特征。在归纳总结费多修克、多利宁、弗罗尔金娜、诺维科夫关于语篇隐含类型的观点以及华劭、加利别林、瓦尔金娜、博洛特诺娃关于语篇内容信息类型观点的基础上，提出划分语篇隐含类型的基本原则：区分不同功能语体类型、针对不同体裁类型、严格区分形式上的删略和意思上的隐藏。最后，结合文学语篇的言语组织特点与内容类型，将文学语篇隐含划分为客观事实隐含、主观感情评价隐含、交际隐含和文化隐含，对每种隐含类型结合语料进行详细的分析描写。

第四章语篇隐含语义的语言表达手段。本章首先强调与超语言手段相比，语言手段是语篇隐含语义表达的最主要手段。语言手段的实义化是其被用于语篇隐含构建的基础。其次，从语篇创作者角度出发，以契诃夫小说作品为语料，分别归纳、描写作家较为典型的表达语篇隐含语义的：词汇手段——词的伴随意义成分、词汇重复、外语词；句法手段——嵌入结构、句法重复；结构-修辞手段——段落的划分、对照、平行结构。

第五章语篇隐含的功能分析。本章主要从两个方面阐述语篇隐含在文学作品中发挥的功能。第一，语篇隐含作为语篇深层意思结构的重要组成部分，参与文学语篇复杂语义空间的构建。语篇隐含帮助实现语篇的关联性特征，既能在形式上通过隐含语义的语言表达手段连接不同的语篇片段，又能反映这些片段在内容上的联系；语篇隐含以其存在方式如信息的折叠压缩和跳跃性叙述，成为实现语义节省、提升语篇信息保有量的一种重要手段；语篇隐含的运用可增添文学语篇语言的丰富性和内容上的多层次性，提升表达方面的可能性、细腻性，帮助营造整个作品的情感氛围，增强作品的感染力和表情性。第二，语篇创作者在构建语篇隐含时采用的语言表达手段可帮助塑造具有审美价值的艺术形象，同时注入深刻的寓意；帮助传递作者的情感内容和评价立场，保持叙述节奏的张弛有度和思想表达的含蓄委婉；受个人风格的影响将作者的审美观和艺术观与作品的艺术组织融合在一起，进而提升文学作品的审美价值，带给读者独特的审美体验。

第三部分为结语，概括总结本书的主要研究成果，指出研究存在的局限性与不足，提出进一步研究的建议与展望。

第二章　隐含研究的理论基础

2.1 语言学领域的隐性问题研究

语言学领域的隐性问题研究已有近百年的历史。学界主要从两个层面对隐性问题进行观察：语言层面和言语层面。语言层面的隐性现象集中体现在语法范畴领域，其研究代表人物为美国学者沃尔夫（B.L. Whorf）。言语层面的隐性现象集中体现在交际语用领域，其研究代表人物为英国哲学家奥斯汀、美国哲学家格赖斯等人。在隐性问题的研究中学者们提出诸多概念，如隐性语法（скрытая грамматика）、隐性语法范畴（скрытая грамматическая категория）、会话含意（conversational implicature）、间接言语行为（indirect speech acts）等，这些概念成为语法学、语义学和语用学的重要研究对象。这些领域研究成果的积累为本书开展隐含研究提供了理论来源与依据，因此有必要对隐性问题的不同观察角度进行梳理和总结。

20世纪30年代，沃尔夫在探寻语言作为意义载体的能力以及语言与思维的关系问题时，在数篇文章[①]中陆续提出并阐释了他的“隐性范畴”思想。这一思想初见于文章《原始社群思维的语言学考察》（约1936）。他以英语中的性别为例，英语中的“性别”在词的层面极少有外在类别标志，仅有两个代词he和she及其派生形式his，him，her，hers，与性别有关的名词，如男孩、女孩、父亲、妻子等，以及各种姓氏如玛丽、理查德、爱丽丝、约翰等，都没有区分性别的标志。但所有这些词都固定地、准确地与表示性别的代词he和she相联结，并且除非有特定的话语情境要求，这些名词与性别的关联不会在外在行为层面上体现出来。这种习惯意识对性别所做的分类是“隐约的、抽象的、未用言辞表达的约略勾勒”，是通过一种不可见联结的“中心交换”来实现的。沃尔夫将这种语言分类称为“隐性类别”（covert class），与诸如拉丁语中的性别的“显性类别”（overt class）形成对照[②]。（沃尔夫 2012：39–41）前者可能没有外在标志，靠某种区别性“反应”与具有外在标志的特定形式相连，后者具有明显的类别意义和语言形式标志。比如英语中的小品词“up”和前缀“un-”的意义是显型，各种时、体、语态、情态，以及其他有标记的形式也是显型。语言的意义来自显型与隐型之间的相互作用，而不是单单来自显型。（沃尔夫 2012：42–45）

在《语法范畴》（1937）一文中，沃尔夫明确提出在语法中可以区分“显性范畴”（overt categories）和“隐性范畴”（covert categories）。显性范畴是“具有形式标记的范畴，这一标记出现在包含此范畴某个成分的每个句子中（极少有例外）”。（Whorf 1959：88）如英语名词的复数形式就是一个显性范畴，通常由后缀“–s”、元音变化或动词形式、冠词的使

① 这些文章包括：《原始社群思维的语言学考察》（约1936）、《语法范畴》（1937）、《关于霍皮语言学的讨论》（1937）、《霍皮语的几种动词范畴》（1938）、《语言系统轮廓之构想》（1938）、《耶鲁报告》（1938）。

② 拉丁语中的性别有明确的词素层面的标志，如：–us为第二格阳性名词后缀，–a为第一、第二格阴性名词后缀。

用标记。而隐性范畴的标记“只出现在某一类句子中，而不是某个词或某个成分所属范畴的每个句子中”。（Whorf 1959：89）如英语中的不及物动词形成一个隐性范畴，其标记是没有被动分词、被动语态和使役语态；再比如英语中的性，每个普通名词和人名都属于一个特定的性类别，但只有在用单数人称代词指称名词的情况下才会出现典型的显性标记。沃尔夫用术语“隐型（cryptotype）”表示隐性范畴，用“显型（phenotype）”表示显性范畴。（Whorf 1959：92–93）他指出，显性范畴和隐性范畴，或显型和隐型之间的差别是语法范畴理论中具重要意义的差别之一。隐性范畴是沃尔夫理论体系中的一个重要主题。韩礼德（M.A.K. Halliday）对这一思想做出了很高评价，称其为“20世纪语言学的主要贡献之一”，并在沃尔夫观点的基础上提出了“语法范畴的不可表达性”（the ineffability of grammatical category）。（Halliday 2002：291）

在俄罗斯学界，对类似现象的研究也有悠久的传统，尤其是早于隐性范畴概念的隐性语法（скрытая грамматика）思想的萌芽，要先于沃尔夫学说的提出。博杜恩·德·库尔德内（И.А. Бодуэн де Куртенэ）提出“隐蔽的语言表征（скрытое языковое представление）”：“只有一小部分语言外的解义性表征在语言思维中是有形态呈现的，大部分的这些语言外解义性表征相对于语言而言构成了一组所谓的‘隐蔽的语言表征’”。（Бодуэн де Куртенэ 1963：185–186）波捷布尼亚（А.А. Потебня）认为“语法外部的形态取决于语言的内部形式”（Потебня 1888：53），沙赫马托夫（А.А. Шахматов）在区分词的语法类别时指出：形态特征远非划分词类的唯一标准，即使和句法特征相结合也未必能成为划分词类的充分依据，存在更深层次的依据是语义依据。（Шахматов 1941：420，427）谢尔巴（Л.В. Щерба）同样认为词的形态变化不应成为划分词的语法类别的唯一标准，语义因素起着决定性作用。（Щерба 1957：65）这些早期的隐性语法思想都围绕一个共同的观点：语法关系的外在表达主要依靠

内部的联系 —— 各种语义类别、词汇的搭配类型等。卡策内尔松（С.Д. Кацнельсон）直接将隐性语法定义为：隐藏在句法组合和词汇语义中的语法信号（грамматические сигналы）。（Кацнельсон 1972：78）在此之后，俄罗斯学者采用不同的术语称谓与沃尔夫所提的隐性范畴类似的现象。邦达尔科、布雷金娜（Т.В. Булыгина）等人使用术语“隐性语法范畴”（скрытая грамматическая категория）（Бондарко 1978；Булыгина 1980），斯捷潘诺夫（Ю.С. Степанов）提出了新术语“长语义要素”（длинный семантический компонент）（Степанов 1981：257）。尽管术语不同，本质上关注的都是没有通过系统对应的外部特征表示出来的语法范畴的概括意义。

近50年来，另一种类型的隐性现象也引起了学者们的兴趣。这种现象存在于言语层面，以具体使用中的有实际内容的语句为基本载体，主要体现为语句的字面意思与真实意思和说话人意图不符。这种间接表达的、与字面不同的意思是语句的隐性意思，即语句含意。例如，*Вам не холодно*? 即说话人委婉表达了关窗户的意图；— *Пойдем в театр*? — *У меня лекция завтра.* 即说话人委婉拒绝了去剧院的邀请。语句的含意具有主观性、深层性、语境性等特征；有的含意有规律可循，有的含意需要通过语境的推导；语句的含意和本意有内在联系，是从本意引申出来的。（徐翁宇 2004：40–41）

针对语句含意，学者们提出多种理论用以分析研究。英国哲学家奥斯汀提出“说话就是做事”的言语行为理论，区分了语谓行为（locutionary act）、语旨行为（illocutionary act）和语效行为（perlocutionary act）。美国哲学家塞尔进一步发展了言语行为理论，根据话语的施为用意把言外行为划分为五种：断言类、指令类、承诺类、表达类和宣告类；提出间接言语行为的概念，即一种行为用另一种方式表达施为用意，揭示间接言语行为与话语含意的联系。（Searl 1979）美国哲学家格赖斯于20世纪70年代提出会话含意理论（conversational implicature），用合作原则（cooperative principle）解释话语中含意产生的原因。会话双方需要遵守的基本原则包括：量准则、质准则、关系准则、方式准则。当会话者有意违反合作原则时，真实的话语意义隐藏在字里行间，听话人可以通过语境推导说话人的真正意图。（Grice 1989）20世纪80年代，法国学者斯珀伯和英国学者威尔逊提出关联理论，通过找到对方话语同语境假说（contextual assumptions）的最佳关联推断出语境暗含（contextual implication）。（Sperber, Wilson 1986）两人力图提出一个一般的人类交际原则，从认知的角度解释人们在交际过程中表达和识别交际意图的过程和方法。

俄罗斯学界同样对语句含意，尤其是言语行为理论的研究做出过重要贡献。阿普列相（Ю.Д. Апресян）根据俄语词汇的语义特点划分出报道、陈述、请求、建议、承诺、命令、预告、准许等15类表达施为意义的动词，突破了西方语用学现有的施为动词分类体系。（Апресян 1986：222）阿鲁玖诺娃（Н.Д. Арутюнова）、尼基京（М.В. Никитин）等学者将言语动作与言语行为以及言语活动联系起来进行对比研究，言语行为是言语活动在更大的空间得以实施的基础和保证，言语动作体系是言语活动的基本表现形式，言语活动的概念更大，囊括了言语行为和言语动作体系的全部内容。（周民权2010：101）俄罗斯学者的观点丰富和发展了西方语用学关于言语行为理论的研究。此外，俄语口语学的许多问题也涉及语句含意的研究，例如语境句、情景称名、对话省略和重复、口语复合句等。（崔卫2007：24）

上述两种隐性研究——语法意义的无标记性和会话含意——是众多隐性现象中讨论较多的两个方面。无论是抽象语法范畴的隐性体现还是交际者真实意图的间接表达，从本质上讲，都指向语言单位和言语产品表达层面与内容层面的不对称关系（асимметрия плана содержания и плана выражения）。（Лисоченко 1992：9）“事实证明，思想的内容比其在语言单位中的表达要广泛得多”。（Колядко 1980：34）笔者把语言符号表达层面和内容层面不对称的隐性现象统称为“隐含”（俄文术语为“имплицитность”）。隐含一方面是语言单位固有的内在属性，另一方面可以看作一种反映非语言内容的经济性手段，由于情景要素之间的紧密联系，仅靠其中一个要素就足以呈现整个情景。（Медынская 1971：38）

对隐含的不同诠释使得这个术语涵盖了诸多不同类型的语言和言语现象。除了学者们最早涉及的隐性语法范畴，还有隐性称名（имплицитная номинация）、语义省略（семантический эллипсис）、隐藏意思（скрытый смысл）、信息的删略（опущенная часть информации）、隐性陈述（имплицитная предикация）等。隐含涉及的语言单位层次不同，有针对词组、复合句、口语结构中语法意义及其表达形式的研究，也有简单句中的隐性句法范畴意义的研究，以及文学作品中的隐含研究等。近些年，语言学的不同分支学科给予了隐含越来越多的关注，如交际句法学（隐性信息及其实现）、修辞学（作者的隐藏意思及其表达）、语篇语言学（以复指联系为基础的间接称谓）、认知语言学（无形式表达的意义理解问题）、语用学（间接言语行为、会话含意、“共同知识”理论）、心理语言学（表述生成的原因及其意向/非意向特征）、社会语言学（受民族和社会构成影响的言语表达式的使用特点及频率）。（Фролкина 1995：1）正因为语言学视域下的隐含包罗多种语言和言语现象，可依附于词形、词汇、词组、句子、语篇等各层级单位，涉及语法学、语义学、词汇学、语用学等多种学科分支领域，这更加证明了隐含研究的巨大空间和广阔前景，也更加凸显出本书选题的研究价值。针对性质与特征各异的不同类型的隐含，除了选择科学的研究视角和恰当的研究方法，首要解决的问题就是研究对象的概念阐释、范围界定和类型划分，这正是本章节所要达到的研究目的。

2.2 隐含的概念阐释

2.2.1 作为一种复杂多层面现象的隐含

隐含本身是一种复杂的多方面现象。我们常在文献中看到诸如“隐性内容”“隐性语义”“隐性信息”等字样。初见之下这样的术语似乎自相矛盾，既是“内容”“信息”，应当被表达传递出来，却又称为“隐性的、潜藏的”。究其原因，首先是符号的非对称二元性使语言表达层面和内容层面并非同义对应。“我们从单个表述中提取的信息要比它作为一种语言结构所包含的信息多得多”。（Звегинцев 1976：206）但隐含的复杂性仅用符号的非对称二元性（асимметрический дуализм знака）无法解释详尽。

隐含的复杂性一方面源于语言自身的复杂性。语言既可以是人类共有的、作为共相的语言，也可以是具体的、世界各民族的语言和个体的话语类型，语言同时还是一种“生理机制、物质音响、心理活动的过程、社会交际的工具和文化积淀的载体”。（华劭 2005：2）不同民族的语言系统特征不同，语法规则与层次体系各异，具有不同程度意义表达的外显能力和内隐潜力。因此，促使隐含产生的根源和条件各异。但隐含同时也是各类语言中都存在着的一种共通现象（языковые универсалии）。隐含的复杂性另一方面源于语言操纵者人以及人所进行的言语活动的因素，与人的思维活动、言语表达、情景要素等有密切关系。我们以言语层面的隐含为例，根据索绪尔（F.D. Saussure）的言语活动过程图（索绪尔 1985：32），绘制出交际行为中思想或观念从产生到被理解的过程，来观察语句含意在这一过程中与每个阶段的关系：

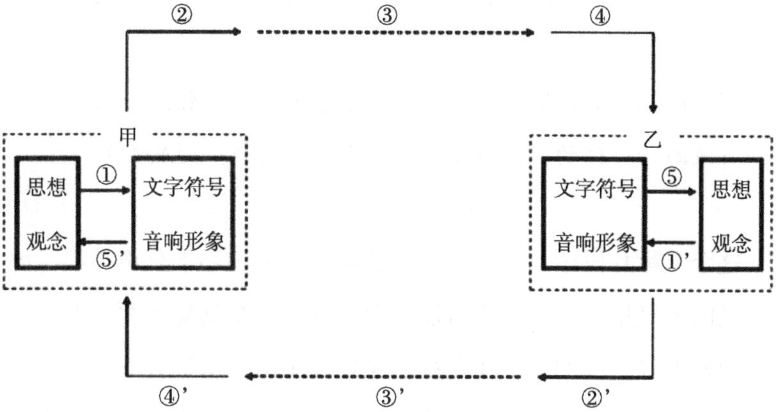

其中，无论甲、乙是否见面，两者均为交际双方，甲、乙可以是作者与读者，也可以是说话人与听话人。一个思想或观念在人的头脑中产生，经过阶段①形成头脑中的文字符号或音响形象，阶段②是文字符号或音响形象从头脑中到达书面记录或发音器官的实现过程，经过阶段③从甲方到乙方的传递过程，再在阶段④具体的文字符号或声响经过视觉和听觉器官在头脑中形成文字或音响形象，最终在乙的头脑中进行阶段⑤，把获得的文字或音响与相应的思想或观念相连接，从而完成了一个完整的单向交际活动过程。而从⑤'到①'是交际双方转换角色后重复的相同过程。

举个例子：

— Поедем к Брагину! — сказал я кучеру, садясь в сани.

— Далече, — вздохнул Никанор. — Верст, пожалуй, 28 будет, а то и все 30.

— Пожалуйста, голубчик, — сказал я таким тоном, как будто Никанор имел право не послушаться. — Поедем, пожалуйста! («Жена» Чехов, 1892)

"我们到布拉京家去！"我在雪橇上坐下，对车夫说。

“很远呢，”尼卡诺尔说，叹了口气，“大概有二十八俄里，或者足足三十俄里哩。”

“麻烦你了，好朋友，”我说，从我的口气听起来，好像尼卡诺尔有权利不听我的命令似的，“走吧，劳驾！”（《妻子》，汝龙译）

在这个交际片段中，面对主人的要求，车夫内心十分想拒绝，因为在大雪纷飞的天气里赶马车并不舒服，况且他刚在车站喝了酒。但对于主人的要求他并不好直接回绝，于是决定（阶段①）委婉地说道（阶段②）去布拉京的家路途遥远，间接表达了自己的不情愿。主人接收到车夫的言语（阶段④），根据当时的语境条件判断出车夫的不情愿（阶段⑤），于是再次向他提出请求。

由此可见，在思想观念从交际发出者头脑到达交际接收者头脑这个过程中，隐含的产生和理解与除阶段③之外的其他四个阶段息息相关。因为阶段③是交际者无法干涉的客观过程。交际发出者主动地、有意识地运用自己的语言能力将真实意图含蓄、间接地表达出来，接收者通过言语思维活动获取并理解了发出者的言语含意。

我们进而可以总结出，隐含首先是一种心智现象，是人的大脑有意识地把知识以一种“未展开的”“不明朗的”形式储存下来并且能将其展开、提取的能力。其次，隐含是一种心理现象，它依赖于人对事物之间联系与特定情境的整体感知，包含复杂的心理过程。隐含还是一种语言学现象，是语言单位和言语产品所表达意义、意思、知识和信息的特殊存在形式，与在语言手段下直接产生的、直观的、外显的意义、意思、知识和信息相对立。最后，隐含是一种认知现象，它的构建和解读离不开作为前提的认知语境。

隐含的复杂性还体现在它的多种产生根源上，包括：（1）具有极大构意潜能的语言单位和范畴，在一定条件下这样的潜能可以实义化并产生不同的意思增量；（2）个体的语言外活动及知识构成（如百科知识、职业知识等）；（3）交际者共同的民族文化储备（如先例现象）；（4）语境（包括宏观语境和微观语境）；（5）作为言语思维产物的语篇；（6）涉及先前语言经验的话语交际片段；（7）处于不断变化中的语用条件。（Барышева 2015：34）

2.2.2 隐含的定义与本质特征

术语“隐含”在各类词典中的释义普遍较为概括和抽象。《社会科学术语详解词典》将“имплицитность”解释为“不明显（неявность）、暗含（подразумеваемость）”，与“外显（эксплицитность）”互为反义词。（Яценко 1999：245）近义词为“无表现性（невыраженность）”“隐蔽性（скрытость）”。其形容词“имплицитный”源自拉丁语“implicite”，意为“包含在内部的、暗含的、外部没有体现的、不直接表达的、潜藏的、不明显的”。（Комлев 2006）这些释义虽然突出了隐含的最主要特征——间接性、隐藏性，却未能揭示隐含的本质和内容，也不能解决隐含与相近现象的区分问题。

俄罗斯学者在研究隐含时采用了不同的术语和概念。费多修克使用隐性内容（имплицитное содержание）概念，将其解释为“没有直接表达的、可从语言单位的显性内容中推导出来的内容，是显性内容与语篇接收者的知识（包括接收者从上下文和情景中提取的信息）相互作用的结果”。（Федосюк 1988：12）利索琴科（Л.В. Лисоченко）研究语句的隐性语义（имплицитная семантика），解释为“用于交际的非语词表达的信息内容”。（Лисоченко 1992：10）。同样在句子层面研究隐含的是多利宁，他将“语言单位常规词汇和语法意义里没有直接体现的，但在理解语句时能够获取的内容”称为隐性内容或潜台词。（Долинин 1983：37）对于多利宁来说，隐含和潜台词是同一个概念。阿尔诺利德使用术语“语篇蕴涵”（текстовая импликация），指通过逻辑蕴涵前后项的组合关系生成的附加、暗含的意思，它是语篇片段的意思组成部分，而不是单个词或句子的意思组成部分。（Арнольд 1982：84）弗罗尔金娜认为隐含是某种意义的不公开、间接、暗示、隐晦的表达，意思隐含（смысловые импликатуры）属于其中一类，是带有不同规约性程度的意向性意义的间接表达。她将意思隐含看作语言、言语和言语品行现象（речевое поведение），是交际过程不可分离的组成部分，区别于其他类型的隐性信息（预设、蕴涵等）。（Фролкина 1995：2–6）邦达尔科把隐含和与之相对的外显（эксплицитность）理解为语义内容的形式表达方式，与语义的层次划分问题密切相关。他划分出系统–语言隐含（системно-языковая имплицитность）和情景隐含（ситуативная имплицитность），并认为蕴涵（импликация）是系统–语言隐含的一种，取决于语法范畴结构中表缺对立（привативная оппозиция）某一方的语义无标记性。邦达尔科以俄语动词完成体和未完成体为例，指出未完成体的语义无标记性体现在其不仅能表达与完成体相反的意义，还可以表达与完成体相通，但并不重合的意义。在无标记一方（即未完成体）替代有标记一方（即完成体）时可以蕴涵完成体固有的动作边界性特征。（Бондарко 2006：22–25）

由此看来，学者们不仅使用不同的术语称谓隐含，即使是同一术语，被赋予的定义也不尽相同，并且不同学者对隐含现象本身的理解也有较大差异。为清晰呈现隐含的概念内涵，避免不同研究对象边界的模糊与重合，笔者总结了以下六点隐含的本质特征：

（1）不对称性。隐含最直接体现的特质就是表达层面与内容层面的不对称，且通常内容层面比表达层面要更加丰富。语言符号的隐性表达能力取决于所谓“言语序列的‘内部前景’（«внутренняя перспектива» речевого ряда）”（Адмони 1964：47），在此基础上形成了多种多样的意义。表达层面与内容层面缺少同构性（изоморфизм）是隐含产生的最普遍的语言学基础：“符号与意义不能完全覆盖彼此，它们的界限在所有点上都不重合”。（Карцевский 1965：85）语言符号的不对称性“不是语言体系不完善的结果，而是一种不可或缺的现象，否则人类语言无法正常运用与发展”。（Колодина 2002：190）

（2）两层面性。隐含不仅是一种言语共相（речевая универсалия），还是一种语言共相（языковая универсалия），即广泛存在于不同语种的语言层面和言语层面。前者是“语言单位的内在属性”（Бенвенист 1965：445），包含在语言系统中并体现其特征（Бондарко 2006：23）。后者与言语运用息息相关，其存在不仅依靠语言形式，还依靠其他非语词性的各种“载体”。（Бондарко 2006：23）

（3）间接性。关于隐含的表达性和非表达性，学界曾有两种观点。一种观点认为，隐含是没有表达出来，但能够被识别出来的意思；另一种观点认为，不存在没有被表达出来的意思，外显和隐含的对立是相对的，任何意思成分的表达都是绝对的。（Федосюк 1988：11）笔者认为，隐含必须被表达出来，只不过是通过特殊方式间接表达的，否则隐含的内容无从理解。例如，“*— Давай пойдем в театр завтра. — Послезавтра будет экзамен по математике!*”尽管回答者并没有直接言明“*Я не пойду в театр.*”或“*Я должен готовиться к экзамену.*”但答句间接表达了拒绝邀请的意思。

（4）可获知性。隐含所“隐去”的内容是能够被接收者获知的，否则隐含就失去了存在的必要。属于语言层面的、作为某种语言系统特有属性的隐含，对于将其作为母语的语言持有者来说，对其的感知可能源于一种习惯意识。属于言语层面的、在语词表述或交际过程中产生的隐含，需要接收者付出额外的逻辑思维活动，但并非所有的隐含都一定被接收者理解。隐含内容获取的成功与否取决于接收者的知识储备、文化水平、上下文和交际情景等一系列因素。

（5）与显性成分相互作用和相互联系。隐性内容之所以能被接收者获知，离不开它所依赖的物质基础，即语言单位和言语产品的外部表达形式和显性语义成分。“隐含能表达出来并被接收者理解是因为它对外显有依赖。但从另一方面来说，如果没有隐含的存在，谈论外显的问题也就没有意义了 …… 因此，从存在状态来说，隐含依赖于外显；从作为划分的范畴来说，外显又取决于隐含”。（Багдасарян 1983：7）

（6）非单义性。隐含内容的获知依赖接收者的逻辑思维活动，这种额外付出的努力可能成功也可能不成功，并不像显性内容的获知那样完全真实可信，并且不同的接收者极有可能产生不同的理解结果。因而隐含内容的解读可以是多义性的。

由此，可对隐含概念做如下阐释：隐含是语言单位和言语产品间接表达出来的意义、意思或内容。它与语词表达的外部形式及显性语义成分相互作用，能够被接收者所感知，通过接收者的惯性语言意识或逻辑思维活动获得理解，但理解结果可能因接收者的个人因素而产生差异。

尽管我们以前人的隐含概念为基础，结合隐含的内容特质为隐含下了定义，但值得注意的是，在隐含研究中有许多相近概念，如潜台词、蕴涵、预设、含意等，同样被学者们注意到并进行了诸多探讨。这些概念与隐含息息相关，甚至有重合交叉的部分。通过下一小节中对这些概念的诠释，可以发现隐含与它们的区别和联系，进而更深层次地挖掘隐含的本质特征。

2.3 隐含研究相关概念的界定和区分

目前，隐含研究中术语混用的问题较为突出，不仅给初涉隐含研究的学者带来文献理解上的困惑，也不利于整合各家观点形成系统性理论框架。就隐含概念本身来说，有的学者使用术语имплицитность，也有的使用术语импликация，импликатура；对隐含现象的称谓有имплицитное значение, имплицитный смысл, имплицитное содержание, имплицитная информация等。除了术语混用，概念之间的界限和区分也不甚明了。有的学者将имплицитность和подтекст对等，有的学者把подтекст和импликация混为一谈，有的认为импликатура是 имплицитность的一类。而中国学者在引进国外学者的术语时译法也各不相同，于是出现了更多不易区分的中文术语：隐涵、推涵、含意、含义、蕴涵、蕴含等。鉴于语言意义领域自身错综复杂的性质，为了更严谨地展开论述，对这些术语进行准确理解和恰当使用是十分必要的。

2.3.1 潜台词、蕴涵、预设、含意和省略

潜台词（подтекст）、蕴涵（импликация）、预设（пресуппозиция）、含意（импликатура）、暗含（подразумевание）、省略（эллипсис）是隐含研究涉及频率较高的术语。由于俄罗斯学者对这些术语的不同诠释，我国学者在引进学说观点时也就产生了理解上的差异，时常出现甲之潜台词为乙之隐含、乙之隐含为丙之蕴涵这类情况。笔者认为隐含概念与潜台词、蕴涵、预设、含意等概念密切相关，但并非等同现象。

2.3.1.1 潜台词

与隐含主要作为语言学术语不同，潜台词最初受到文艺学和影视戏剧领域的广泛关注。语言学领域最早开始研究潜台词的是西尔曼（Т.И. Сильман），他认为潜台词是“一种分散的、有间隔的重复，正是由于这种间隔性它可以依赖总体的情景氛围，而不是逐词逐句的援引……任何潜台词的意义都是基于已经出现过并通过某种方式再现的意义。”（Сильман 1969：85）在西尔曼看来，潜台词是一种语篇组织方式，是语篇句法结构的组成部分。目前，对潜台词的通俗理解是“暗含的、没有用语词表达出来的深层内容”，与隐含非常接近。比如，《语言学术语词典》中潜台词的定义为“语句和语篇内在的、暗含的、字面没有表达出来的意思”。（Ахманова 2004：331）《百科词典》把潜台词解释为语篇（通常是文学语篇和政论语篇）的语义范畴，是语篇中隐蔽的、潜藏的、不明显的意思总体，它产生于显性表达的不同语言层次单位的组合与相互作用，可从单个细节、话轮、暗示中获知，并体现说者或笔者对其所描述内容的态度。（Сковородников 2009：232）

从潜台词的词典释义可以看出，潜台词与隐含有不少相似之处：两者拥有相同的物质根源——语言；同样是潜藏在深层次的内容，没有体现在表层结构上；都可以通过字面意思获知；都可以表达情感-态度内容。一些学者明确表示将两者看作同等现象，如多利宁“有意避开划分隐性表述内容的各种类型——如蕴涵、潜台词、反讽、预设、显台词（затекст）等，而只区分指称潜台词和交际潜台词”（Долинин 1983：37-38）；库哈连科（В.А. Кухаренко）认为“潜台词是俄语中一直就有的术语，隐含是外来术语”（Кухаренко 1988：180），将两者用作同义词，等等。另有一些学者则强调两者的区别，如加利别林写道：“就其本质而言，潜台词和隐含[1]是近义词，但近义词之间也是有区别的”，“隐含已设定了其内容的已知性，因而可以被省略掉，从这一点上来看它与预设类似……潜台词是超句体的组织，能够产生与预设和隐含不相关的思想”（Гальперин 2007：46）以及阿尔诺利德指出语篇隐含[2]的作用范围是具有情景特征的微观上下文，而“潜台词实现于整个作品的宏观上下文”（Арнольд 1982：85），等等。

笔者赞同将潜台词和隐含看作不同现象的观点。但仅凭潜台词的词典释义无法将其与隐含区别开，因此更需要注意的是潜台词和隐含语言学阐释中的那些区别性特征，主要体现在以下方面：

（1）涉及语言层次不同。潜台词是语句和语篇，尤其是文学语篇中广泛存在的典型现象。“潜台词实现于语篇的语言材料中，生成文学作品的深层意思，对线性展开的信息进行补充，是形成观念的主要方式之一。”（Кухаренко 1988：186）而语言系统不同层次的隐含研究表明，隐含不仅是言语产品的属性，还是语言单位的属性；隐含不仅涉及语篇和句子层次，还涉及单个词以及抽象语法范畴层面。

（2）在语篇层次中的作用范围不同。“潜台词实现于整个作品的宏观上下文（大语境）中，实现在情节、主题或作品主旨的指涉范围内”。（Арнольд 1982：85）隐含的作用范围则是微观的，可能是一个句子，也可能是一个超句体或几个超句体，“更直接地体现为一种意思上的不完整、信息上的缺失”。（Погожева 2012：33）

（3）存在方式的特点不同。作为语篇组织方式的潜台词是“分散的”“有间隔的”（Сильман 1969：85）。“语篇的语境意义分两次实现：外显的实现依靠微观语境链的线性联系，隐性的实现依靠所有语篇单位不直接的远距离联系。语篇所有组成要素的系统性和相互依存性在隐性意思

---

① 加利别林的隐含概念使用的术语是“импликация”。

② 阿尔诺利德的语篇隐含概念使用的术语是“текстовая импликация”。

中体现得十分清晰，因为正是各种不同性质、不同层级现象的比较和对立才能使人意识到潜台词意思的存在。”（Кухаренко 1988：181–182）隐含的存在则多数情况下依靠语篇单位的近距离线性联系。

（4）理解的必须性、非必须性差异。潜台词的存在符合语篇创作者的主观意向，但不是在言语产品的上下文和情景里必须理解的内容。（Федосюк 1988：12）“潜台词在首次阅读时会被忽略掉，在重读或多次阅读时通过事实内容信息获取。”（Гальперин 2007：44）可见，潜台词并非接收语篇时必须理解的内容，尽管潜台词的获知可以使语篇接收者更明了语篇主旨，但即使没有理解潜台词也并不影响对语篇主要内容的掌握。隐含的存在同样符合创作者意向，并且其内容需要被接收者所理解。隐含的表达具有一定的上下文情景条件，在接收语篇时若不对缺失的深层信息进行补充，会影响对整个语篇的理解。

（5）功能性不同。潜台词直接涉及语篇主题思想，起着“深化情节、贯穿作者思路、更全面地揭示作品主题的作用”。隐含则“反映的是情节中某个片段包含的潜在信息、单个交际行为的意图或活动的情形”，间接服务于作者表达主题思想的需求，是作者个性的重要组成部分。（Арнольд 1982：85）

尽管笔者强调了潜台词和隐含的区别，但也必须承认，很多时候很难将两者区分得十分清晰。在语篇层次中潜台词和隐含的某些方面存在着重合的情况，比如可能会拥有共同的语言和非语言手段，可能会表达相同的作者主观态度，等等。

2.3.1.2 蕴涵

蕴涵（лат. implicatio）原本是逻辑学的术语，指的是命题之间的一种逻辑关系。这种关系由真值联结词（逻辑符号为→）表达，可表示为А→Б，类似于两个句子通过合成连接词“если...то”组合成的复杂表述。А为蕴涵式的前项，Б为后项。语言学对蕴涵的解释以逻辑学的蕴涵释义为依据。《俄语详解大词典》的释义为“两个简单句借助если...то...结构组合成一个复合句的连接方式”。（Кузнецов 2000：390）蕴涵在语篇研究中的含义略有不同。利索琴科把语篇蕴涵定义为从语篇并列单位的相互关系中提取出来的附加的、暗含的意思。（Лисоченко 1992：9）此种理解下的蕴涵就与潜台词等其他概念区别开了。阿尔诺利德指出，语篇中的蕴涵相当于或表达出的或暗含着的前项A和后项Б的关系，语句中可以出现语词表达的前项和后项，也可以只出现其中之一。若只出现一项，此时蕴涵就是暗含的一种类型。她把语篇蕴涵定义为从语篇同列单位相互关系（相当于前项）中得出的、没有以语词手段表达出的补充性的暗含意思（相当于后项）。（Арнольд 1982：83–84）邦达尔科用蕴涵来定义没有明确表达，但从外显表达方式中得出的语义成分。在他的例句“— Ты пойдешь гулять? — Я устал.”中出了前项A，而后项Б可从同列问答中获知，即第二位谈话人以疲劳为由拒绝散步。（Бондарко 1978）

根据阿尔诺利德的观点，语篇蕴涵不仅可以传达事物–逻辑信息，也可以传达情感的、评价的、功能修辞的和表情性的信息。语篇蕴涵实现于微观上下文（小语境）中，微观上下文的范围是由语篇指涉决定的，也就是语篇中的情景。情景的主要成分为参与其中的人物。情景的任意成分为时间、地点、活动、人物行为及与其活动相关的事物。微观上下文的形式界限可以是超句体、对话统一体或段落。这样就得出了语篇蕴涵的又一个区别性特征：上下文范围及其指涉指示（референтная отнесенность）。（Арнольд 1982：84）

2.3.1.3 预设

同样源于逻辑学和哲学的预设概念可用来研究句子的真值语义，分析命题之间的逻辑关系，描写言语交际的运行机制，被看作句子有真值意义的语义条件，命题逻辑关系的一种特殊类型，言语交际成功的一些语用条件。（张家骅 2011：134）预设最早由逻辑语义学的奠基人弗雷格（G.

Frege）于1892年提出，他认为必须区分“断言”和“前提”。例如，命题“*Кеплер умер в нищете.*”的前提是专有名词*Кеплер*必有所指。其后，斯特劳森（P. Strawson）指出，自然语言中任何有意义的语句都能推导出一个背景假设即预设。作为语言学术语的预设通常从语义和语用角度研究。语义预设指能使句子在特定语境中不致语义异常的意思成分，也就是使句子具有真值意义的前提。例如，“*Наша сельская библиотека не работает по воскресеньям*”预设了“*В нашем селе есть библиотека*”。语用预设是交际者的先前知识和交际背景，与上下文、交际语境以及交际双方认知水平有关，它能确保语句在某一语境条件下是恰当的。（陈铭 2019：30–31）例如，“ *— Плакала она всю ночь? — На прошлой неделе ей исполнилось шесть месяцев.*”预设了“*Очень часто бывает, что младенец плачет ночью.*”这样的事实。

预设的一个显著特征是在一定的言谈环境或句子内部环境里可以被取消。例如，“ *— Иван отпросился с работы, его жена заболела. — Он никогда не был женат!*”前句预设了“*Иван женился*”，而后句的否定直接推翻了前句的预设内容。由于预设对于语境非常敏感，若预设赖以存在的事实、交际背景或先前知识的真实性被否定时，预设就被撤销了。

预设还具有隐藏性、先知性特征。以语篇为例，语篇中包含以明确形式告知的信息，也包括读者需要推理、提取才能获知的信息。“预设是这样一种语篇成分，它不是明确指出的，更像是提前被知悉的。预设或以听者的已有知识为基础，或以从语篇中推断出的信息为基础。”（Земская 2010：133）人们在理解语篇的过程中需要借助一些隐含的语义信息来理解语篇。它是语篇接收者在接触语篇之前就已知晓的背景知识，包括接收者所拥有的百科知识、专业知识及其与外部世界交流的全部经验。这种隐含性的信息可以通过语篇的语言手段激活，也可以融入交际情境中，成为“不言而喻”的交际双方默认的前提条件。因此，可以把预设看作隐含的一种实现方式，或者说是隐含的一种类型。

预设和蕴涵的区别在于：预设不是述位性的，它所提供的信息通常是事件背景或前提内容，并非语篇创作者重点突出的新内容，并且预设在一定条件下是可以取消的。蕴涵则具有述位性和不可取消性，因为蕴涵是语篇创作者刻意隐藏起来的后项，促使接收者通过逻辑推理获知，是意图传递给接收者的新信息。此外，“预设所描述的情景发生在过去，而蕴涵则是将来要发生的事件”。（Падучева 1981：28）预设和蕴涵同为隐含的呈现方式。

2.3.1.4 含意

术语“импликатура”的中文译法有隐涵、含义、含意等，本书采用认可度更高的“含意”一词。含意常用于话语研究，所谓会话含意，指的是“非语词表达的意思成分，理解这样的意思成分不依赖已经说出的内容，而是依靠所说内容与对话逻辑、交际规则、生活经验的相互联系”。（Матвеева 2010：125）含意研究首推西方语言学界的会话含意、合作原则、礼貌原则、间接言语行为等理论。俄罗斯学界和国内学界对含意的研究大多参考西方学者的学说。根据会话含意理论奠基人格赖斯的观点，含意指的是说话人违反合作原则从而使得话语中包含与字面意思不符的真实意图。听话人可以通过语境来推导说话人的言语含意，因此，对会话含意的领会具有任选性，这取决于听话人的言语思维活动。本书把含意同样看作隐含的一种类型，属于言语层面的隐含现象。

含意与蕴涵的区别在于两者功能范围不同。含意是从有交际参与者的会话片段中获取的隐性附加意思，需要推测交际者的主观意图；而蕴涵是从语篇的非会话片段中获取的，需要推测的是语篇创作者隐去的、对于接收者来说需要新掌握的内容信息，与语篇中外显表达的内容存在一种前后项的相互联系。

2.3.1.5 省略

省略是言语或语篇中暗含着的语言单位的空缺，是句法构造在外形结构上的不完整。句子和语句成分的空缺可以根据上下文和具体言语情景轻易补充。例如，“*Тане — 5, а Вале — 3.*”从句意可知这是老师给学生的评分。但如果缺少情景，补充句子得到的意思可能会不一样。例如，“*Мы хотим утром в Берлин*”在没有告知更多情景时，可在句尾补充*ехать, вернуться, лететь*等词。省略多出现在口语中，其特点是结构上带有不可替代的句法位。语句的省略还可能伴随言语交际中的非语词手段。省略经常作为一种修辞手法广泛应用于演说言语和文学作品中，给语篇增添了灵活性和表现力，增强了表情性。（Ярцева 1998：592）

尽管有学者认为省略是信息表达的一种隐性手段，进而把省略看作一种隐含现象，但本书认为两者的根本性质不同，省略并非隐含的一种类型。省略是意思上完整，但形式结构上有缺失。隐含是意思上不完整，形式结构上不一定有缺失。两者的区别在我国汉语学界也讨论已久。吕叔湘在《汉语语法分析问题》里提出界定省略的两个条件：如果一句话离开上下文或者说话环境意思就不清楚，必须添补一定的词语意思才清楚；经过添补的话是实际上可以有的，并且添补的词语只有一种可能。而隐含是意思上有，但实际上无法在语句中补出来。（吕叔湘 2018:58–59）

综上所述，除了省略因其属于句法形式结构上的缺失而非意义的删略而明确区别于隐含外，剩下的概念均与隐含有密切关系。蕴涵是在已知联系或关系的基础上提取出的新信息，相当于由连接词“если...то...”组合成的表述中被隐藏的后项。预设是间接交代的或提前知悉的知识、信息，是理解语篇的前提。蕴涵和预设是隐含的两种实现方式。含意则主要指交际者在言语行为中隐藏的意思和意图，属于言语隐含的一种类型。潜台词与隐含虽然都是间接表达的内容，但在实现范围和语篇功能等方面都有所区别。至于术语暗含，在各类词典的解释中常被用来解释隐含概念，因此也可以把这个术语看作对各类间接表达的隐藏意思、背景知识和交际意图的总括，相当于言语隐含。在论及语句、对话和语篇中的隐含现象时，也可使用术语暗含。但为了精简概念，本书更提倡使用“隐含”一词。

2.3.2 隐性意义、隐性意思、隐性内容和隐性信息

意义（значение）、意思（смысл）、内容（содержание）、信息（информация）这四个术语各有不同的使用场合和适用主体。在有关语言深层结构的研究中，这些术语的区分并没有得到太多重视。尤其是“значение”和“смысл”，在俄文文献中时常出现混用，在中文文献中有时都翻译为“意义”。

2.3.2.1 意义和意思

古典语言学曾认为“意义”和“意思”是可以互换使用的同义词。逻辑学家在研究名称（符号）和事物之间的关系时，提出要区别“意义”与“意思”这两个概念。弗雷格在《意思与意义》[①]（1892）一文中用“昏星”（即长庚星，вечерняя звезда）和“晨星”（即启明星，утренняя звезда）举例，这两个语词有着同一种意义（即所指事物，денотат）—— 金星，但两者的意思却不相同，它们指示、记录的是不同的理解情景。（Фреге 1997：359）逻辑学家认为，名称指示事物并表达一定的意思，意义是指被表示的事物，意思则反映有关事物的信息。同一事物可以有不同的名称，每个名称可以有自己的单独的意思。（倪波，顾柏林 1995：8）逻辑学家对意义和意思的理解与我们习惯上的看法不同，但这种观点对揭示符号与所指、所指与意义、意义与概念间的关系有理论价值。

---

① Frege 的«Über Sinn und Bedeutung»英文译名为 *Sense and Reference*；俄文译名为«Смысл и денотат»或«Смысл и значение»。德文术语 sinn 的俄文译法为 смысл；bedeutung 的俄文译法除了 денотат 外，还有 значение。

在一些语言学家看来，意义更多的是词汇学固有的术语，并且通常具体化为词的词汇意义，因为它“在任何情况下都是一种专门定义结构的东西，是在共时截面上的一种恒定现象”。意思是“仅部分附着于某个结构的事物。它是情境性的，更多地为语篇所特有，而不是词。它因语篇特征而或多或少是主观性的”。（Белянин 1999：59）

一方面，根据传统观点，我们把意义理解为语言单位（主要是词）所指示的客观事物（现实的或想象的、外部世界的或内心世界的）在意识中的反映，是语言内部因素和外部因素的统一。意义有特定的语音和符号外壳，是在人类社会发展过程中客观形成并固定下来的，在一定历史时期内具有稳定性。意思源于意义，是在特定上下文、具体言语情景中理解语言表达时领会到的带有思维性质的内容。意思在言语交际中起主导作用，但无法从直接观察中获得，它是个体思维的产物。

对于称名单位（命名事物、情景和特征，但并不传递消息）—— 词和词组来讲，意义是语言持有者意识中与词和词组相关的某个事物或情景的概括形象。（1）词义的内容不是单一的，而是多方面的，它包含能把一种事物与另一种事物相区别的特征。例如，кошка 通常有三种意义：带有捕食者习性的家养宠物，可消灭老鼠；掠食性哺乳猫科动物（狮子、老虎、豹子等）；一种带有三个或三个以上爪子的类似小锚的装置，用于从底部钩起沉没了的物品。（2）当词和词组用于言语，不仅能够在人的意识中唤起概括形象，还能够引起对具体事物或情景的认识，后者即意思。例如，句子“*Зачем кошки постоянно ставят на человека лапы?*”中的 *кошки* 在意识中生成的是概括性的、典型的、标准的猫形象。而听者在理解句子“*Вот эта белая кошка скоро станет мамой.*”时脑中浮现的是一个具体的即将产崽的母猫形象。（3）有着不同意义的词在一定的语境中可以表达同一个意思。例如，“*Белую кошку я принёс с улицы. Животное жило на трубе теплотрассы.*”中 *кошка* 和 *животное* 表达的是同一个意思，而

*животное*的意义是除植物外的所有生物。

作为交际单位的句子，在脱离言语环境时无法实义化，因而只具有意义；当句子运用于言语则是具有表达特征潜能的语句，因而具有了意思。换言之，意思存在于表达一定判断、有一定情景指向的言语片段中。例如，句子“*У меня болит голова*”的意义是表示说话人的某种状态。而如果要理解这句话的意思，则至少需要知道谁是说话人，在什么时刻出现的这种状态。这些信息只有在句子被运用于具体的言语行为中，与一定的语境或上下文联系在一起时才能被获知。（Федосюк 1988：10）

另一方面，从更宏观的角度来看，意义是语言单位、类别和范畴的内容，它包含在语言系统中并体现其特征。（Бондарко 2006：23）如语法意义是语言的词法和句法手段表达的意义。因此，隐性意义这样的术语可以用于语言层面的隐含研究，即隐性表达的高度概括的抽象范畴的意义。

2.3.2.2 内容

术语“содержание”可以笼统地解释为语言单位的内在方面，与其相对的是语言单位的外在方面如语音、字形等，后者具有表达属性。（Ахманова 2004：438）加利别林把内容看作语篇语法学的术语，指语篇所包含的整体信息。（Гальперин 2007：20）诺维科夫从心理语言学视角理解“语篇意思”与“语篇内容”的关系。构建语篇的所有语言手段作用于语篇接收者并在其意识中形成的心智构成属于语篇的语义层面。理解语篇的结果通常可用“语篇意思”表示，但语篇理解结果的存在形式可能是多种多样的，因此“意思”的类型也不同：言语意思，个性意思，表层意思，深层意思，事物意思，形象意思等。语篇理解的结果也有可能是“内容”，有时“内容”等同于“意思”，有时两者是语篇理解结果的不同形式。根据诺维科夫提出的假说，每个语篇都同时有内容和意思两种不同的现象，它们都是理解语篇的结果。但它们赖以形成的言语思维机制不同。内容是模拟语篇中现实片段的一种心智构成，而意思是关于这个现实的思维、思索，也就是诠释语篇讲了什么。内容依靠的是体现事物客观状态的指称结构，意思一定程度上取决于语篇的主题组织，与作者意图的表露有关。内容和意思的关系根据语篇类型的不同而有所区别。在科技类语篇中，两者差别最小，差别最大的是在文学语篇的各类体裁中。（Новиков 2000：16–17）

2.3.2.3 信息

术语“информация”在《语言学术语词典》中的释义为：言语交际中包含的消息报道，是传达、存储和再加工的对象。（Ахманова 2004：184）

根据加利别林的观点，作为日常通用术语的信息指任何类似词组那样有称名功能的报道，可以是句子、句子的组合或整个语篇。这种解释下的信息通常等同于称名、意思、内容。作为交际理论术语的信息，更多地只在获得关于事物、现象、关系、客观现实事件的新消息时使用。但并非所有的报道都含有信息。加利别林强调信息的“新”和“价值”。（Гальперин 2007：26–27）前者的考量离不开社会、心理、科学、文化、年龄、时间等因素。同样的报道对一位接收者来说是未知的话，那对他而言就是包含了信息，对另一位接收者来说如果是已知的或者无法弄明白的话，那对他来说则是信息缺失的。并且，对某一时段来说是新知的报道，对于接下来的时段来说就是已知的了。对于信息“价值”而言，重复的信息失去了它原有的价值而不能再作为信息。但对于一些极具美学意义或科学意义的语篇来说，它们始终是新知的来源，因而始终是信息性的。加利别林把语篇中的信息分为事实内容信息、观念内容信息和潜台词内容信息。因此，当说起信息时，我们一方面强调它的传达性，既需要被说话人或作者传递出来，也需要被受话人和读者获取、理解，另一方面强调它对于接收者来说的新知性和价值性。

综上所述，内容泛指语言单位和言语产品的内在方面，与语音、字形等外在方面相对，因而适用范围很广。但由于内容具有完整性、复杂性的特征，所以术语隐性内容更多用于句子和语篇。意义一方面是语言单位、类别和范畴的抽象概括内容，此时术语隐性意义可以用于描写非直接体现的抽象语法范畴；另一方面是具体的作为称名单位的词所指示的客观事物在意识中的反映，此时不宜使用隐性意义这样的术语表示词汇中的隐义。意思源于意义，是在特定上下文、具体言语情境中被理解的、带有思维性质的内容，隐性意思适用于词（言语使用中的）、语句、语篇。信息更强调关于世界的知识、消息的新知性和价值性，以及其被传递、被获取和被理解的属性，因而隐性信息更适用于语句和语篇。

2.4 隐含的类型划分

隐含是在与外显的比较中确立的概念。但若把所有间接的、不明显的、表层结构与深层内容不一致的情况都囊括其中，则隐含宽泛到几乎空洞。本书根据语言与言语的对立、语言系统层次来划分隐含的不同类型。

2.4.1 根据语言和言语对立关系划分的隐含类型

索绪尔把人类言语活动区分为语言和言语两个部分。语言是定位于听觉形象和概念相联结的确定部分，有被动性的、接受性的部分，有约定俗成的部分，具有社会性或集团性，其音响形象和概念意义结合为同质的符号，并由这些符号形成系统。言语是言语活动中除语言以外的庞杂部分，是个人的意志和智能的行为，兼有心理、生理、物理特点的杂质现象。（索绪尔2009：18–23）尽管索绪尔指出语言和言语紧密相连且互为前提，两者同时还处于对立关系中。

语言和言语之间的对立首先是潜在功能系统与执行功能实体的对立，是“系统与其功能运作之间的对立，同时也是系统与其赖以存在、不断发展与完善的环境之间的对立”。（Русская грамматика 1980：11）其次，两者之间是层次系统和连贯话语的对立，语言中的单位具有“离散性”（дискретность）、“集合性”（собирательность）、“数量可数”（счётность）的特点，言语中的单位具有“连续性”（непрерывность）、“线性”（линейность）和“数量无限性”（неограниченность）的特点。最后是语言的社会集团属性和言语的独立个体属性之间的对立，语言是社会化的，不受个人左右，其单位具有“复现性”（воспроизводительность），独立于时空、情景和使用主体，而言语单位具有“独特性”（индивидуальность）、“时空的定位性”（локализованность во времени и пространстве），其传递的信息具有真假值。（华劭 2005：8–11）作为工具的语言必须保持相对的稳定性和强制性，它允许言语在具有变动性、创造性和随意性的同时不超过语言规范的限度，言语的灵活变化反过来成为语言历史变化的源头。

自索绪尔提出区分语言和言语，接受这一学说的语言学家在补充、修正语言和言语关系观点的同时，在实际研究中也一直遵循着这一原则。如邦达尔科在划分隐含类型时写道：“在语法语义领域可以划分出系统–语言隐含这一特殊的类型，且应当把它与情景隐含区分开”。（Бондарко 2006：24）情景隐含是从言语情景及与语言手段表达的意义有关的相应情景信息中获取的意思。系统–语言隐含是取决于所分析语言的意义组织系统特征的语义成分。可以看出，邦达尔科的划分方法将“属于系统的”和“系统以外的”区别开来。

鉴于语言和言语间的对立关系，同时受邦达尔科观点的启发，笔者认为隐含应首先区分语言层面的隐含和言语层面的隐含。两者涉及不同的语义层次和方面，采用的研究手段和视角也有差异。

2.4.1.1 语言隐含

语言隐含是语言单位（词素、词、词组）所固有的语义和句法特征，这些特征没有特定的具体形式标志和明显的类别意义，它们潜在地影响着语言单位在组合关系中与其他语言单位的搭配，在构建、释义和信息传递方面制约着语言的理解和使用。研究语言隐含是透过形式的、外在的结构对更深层意义的探寻。这类深层意义带有该种语言特有的逻辑，潜藏在语言持有者的意识和心理中。语言持有者对这类意义能够下意识地、直觉地感受到，但无法刻意用词汇表达或翻译出来。语言隐含具有民族性：在某一民族语言体系中的隐含在另一民族语言体系中可能不存在，或者有外显的形式标志。例如，英文中的“性别”是没有外在区分标志的隐性类别，俄语中的“性别”通过名词、动词、形容词等的可变化词尾标记，属于显性类别。

语言隐含虽是语言单位固有的内在属性，但其形式标记特殊，需要依靠情景、上下文和与其发生组合关系的词语来判别。例如动词时间上的定位/非定位范畴：

(1) *Родная мать колет дрова, а он сидит и* ***<u>читает газету</u>****, как будто так и надо. [Анатолий Рыбаков. Тяжелый песок (1975-1977)]*

亲生母亲在劈柴，而他却坐着<u>看报纸</u>，好像理所应当一样。

(2) *Их отец вечерами* ***<u>читает газету</u>****, посматривает на часы, а в определенное время уходит из дома, якобы выгуливать собаку. [От судьбы не уйдешь? // «Сельская новь», 2003.12.16]*

他们的父亲通常晚上<u>看报纸</u>，时不时地看一看表，到了某个时间就出门，应当是遛狗去了。

(3) *Меня раздражает в нем буквально все: как он смотрит телевизор, как ест, как* ***<u>читает газету</u>****. [Два письма на одну тему //*

«Семья», 2001.11.14]

他的一切都令我感到生气：他看电视的样子，吃饭的样子，看报纸的样子。

动词时间上的定位/非定位范畴也称为现实性/惯常性范畴，即动作能否与具体时间对应。例（1）中的看报是一个具体的动作，定位于母亲在劈柴的这个特定时刻，通过对别连接词a来实现动词*читать*的现实意义；例（2）中的看报是一个反复出现的行为，*читает*的对应所指是不确定哪个晚上发生的看报动作，是主语的习惯性行为；例（3）中的动作则是一种抽象，概括地表示可能发生在任何时候的看报行为，不和特定时间相联系。

简言之，语言隐含是抽象语法范畴意义的隐性体现，这是由语言内部因素决定的。语言隐含是一个开放的体系，目前无法归纳统计出共有多少种类型。俄语中关注较多的有：定指/不定指范畴、可分离/不可分离的领属范畴、动作/状态范畴、是否和具体时间对应的定位/非定位范畴、受控/不受控范畴等。（华劭 2007a：49）

2.4.1.2言语隐含

言语隐含是言语单位以间接方式传递的客观信息、主观信息和交际者真实意图，以及言语接收者付出额外努力获得的补充性理解。言语隐含涉及交际和语用因素，对言语隐含的辨别脱离不了语境、上下文和交际背景，同时也依赖读者或听者对语调、虚词、句法结构的理解。分析言语隐含的基本单位是单个语句，较为常见的是研究口语对话中的含意。

言语隐含包含以下情况：（1）以紧缩的言语表达形式传递更多信息量；（2）言语表达的字面意思与言语活动发出者的意思和意图不符；（3）以语言单位表达多种意义的潜能引起言语接收者补充性、附加性、拓展性的理解。例如：

(1) *«А вчерась мне была выволочка.* ***Хозяин выволок меня за волосья***

на двор и отчесал шпандырем за то, что я качал ихнего ребятенка в люльке и по нечаянности заснул. *А на неделе хозяйка велела мне почистить селедку, а я начал с хвоста, а она взяла селедку и ейной мордой начала меня в харю тыкать...» («Ванька» Чехов, 1886)*

“昨天我挨了一顿打。老板揪着我的头发，把我拉到院子里，拿师傅干活用的皮条狠狠地抽我，怪我摇他们摇篮里的小娃娃，一不小心睡着了。上个星期老板娘叫我收拾一条青鱼，我从尾巴上动手收拾，她就捞起那条青鱼，把鱼头直戳到我脸上来……”（《万卡》，汝龙译）

(2) *Заметив, что оба мы посмотрели на него, Сорок Мучеников почтительно кашлянул в кулак и сказал:*

— У хороших господ я завсегда был верной слугой, но главная причина — спиртные напитки. ***Ежели бы мне теперь уважили, несчастному человеку, и дали место, то я бы образ поцеловал.*** *Слово мое твердо! («Страх» Чехов, 1892)*

四十个殉教徒发现我们两个人都瞧着他，就恭恭敬敬地对着他的空拳头咳嗽一声，说：

“在好主人家里，我素来是忠心的仆人，而毛病全出在烧酒上。要是现在有人看得起我这个不幸的人，给我找个差事，那我就会吻神像戒酒。我说这话是算数的！”（《恐惧》，汝龙译）

(3) *Сестра долго* ***пилила*** *и скребла бабушку своим неутомимым языком, а я слушал её злой визг и тоскливо недоумевал: как может бабушка терпеть это? («В людях» Горький, 1914)*

表姐唠唠叨叨地数落、怪罪外婆，没完没了，不知疲劳。我听着她那恶狠狠的尖叫声，心里既难受又纳闷：外婆怎么忍受得了？(《在人间》，高尔基)

例(1)中第二句的上下文并没有特地、直接说明以下信息：*У хозяина*

есть ребенок; Хозяин приказал мне качать ребенка; Хозяин ко мне очень грубо относится. 这些信息以紧缩、间接的方式传递，交代了更多事件背景，避免了叙述过程中的言语累赘。例(2)中人物“*Сорок Мучеников*”说的第二句话是一个非现实条件句，字面上看没有具体的倾诉对象，只是表达了说话人的一种愿望和感叹，实际上却是对“*мы*”发出给他一份工作以糊口的请求，这种潜藏的交际意图在后文得到证实：“*— Дмитрий Петрович, позвольте к вам прийти, — проговорил он, сильно моргая глазами и склонив голову набок. — Явите божескую милость! Пропадаю с голоду!*”例(3)中*пилить*的所指意义是“用锯子锯”，转义为“不断地挑剔埋怨”，虽可用*попрекать, укорять*等意义相近的词替代，但*пилить*与“拉锯”的动作相关联，与*долго*连用给人加深了来回往复、没完没了的印象联系，又在*скрести*和*визг*的衬托下引起令人烦躁不安的联想性情感反应。

2.4.2 根据语言系统层次划分的隐含类型

隐含作为一种深层语义内容，它的存在必须以一定的物质载体为前提，不同层级的语言单位即为隐含的物质载体。因此，可以根据语言系统单位层次划分隐含类型。

2.4.2.1 形态层次的隐含

形态层次的隐含与语法范畴的间接形式体现有关，因而属于语言隐含，主要包含以下三种情况：

（1）语法范畴意义通过零词素体现，如阴性名词的复数二格形式。（2）语法位的转换用法（транспозиция），即在同一语法范畴中用一种语法位替代另一种语法位，在特定语境里表达非其固有的语法意义。最常见的是动词时、式与人称的转换，名词数的转换。比如，动词的现在时替换过去时，将来时替换过去时和现在时，现在时替换将来时，过去时替换将来时的用法，等等。再比如动词不定式用作命令式以及过去时替换命令式的用法："*Встать! Встали все, быстро!*"语法位的转换用法造成了不确定性，需要读者或听者努力去判断语言表述的真实意义。（3）出现补充性的附加意义。以动词体为例，动词完成体过去时形式在一般疑问句和否定句中可以表达一种对某种行为的期待意味："*Ты сходил в библиотеку?*"再比如，表示请求时使用未完成体命令式有一种不礼貌的意味，而表达邀请时则最好使用未完成体。因为根据礼貌原则，对别人的请求应当尽量是最小限度的，而邀请则可以没有限制。未完成体的命令式含有行为重复或过程可以立即开始的意思："*Приходите, пожалуйста, каждый выходной.*""*Садитесь.*"语法范畴意义出现附加意味不仅限于动词体范畴，还有数量范畴以及其他带有称名内容的范畴。

2.4.2.2 词汇层次的隐含

用词汇手段表达的隐含具有任意性特征，因为它依靠读者或听者来复现，其结果可能是多义的。需要区分在语篇中出现的隐性词汇意义和与词典意义相关的隐性词汇意义。前者是词的词典意义与语境作用的结果，涉及言语思维活动；后者是读者或听者在词的语义概念片段中依靠知识储备付出额外脑力劳动得以获知的意义成分。

词汇意义中的隐含可能出现在以下三种情况：一是非指称性质的某些意义成分中（如伴随、联想、情感、预设等）；二是词位意义（通常是虚词）与交际活动和语篇现象相关的交际意义中；三是理解词汇时任意传达出的信息中，如词的内部形式、先例文本中的文化先兆（культурная аура）等。（Борисова 1999：30–31）例如，*лакей*和*слуга*的直义都是"仆人"，但用于转义时，两者会产生不同的联想意义，间接传达相反的感情色彩：*лакей капитализма*意为"资本主义的走狗"，*слуга народа*意为"人民的公仆"。

2.4.2.3 句子层次的隐含

在句子范围内，学者们关注和讨论的既有内容方面的隐含也有结构方面的隐含。结构方面常见的隐含现象如句子间的隐性联系，常见于无连接词复合句中。无连接词复合句各分句间不使用连接词或关联词，一般借助语调连接。分句间的关系与并列复合句和主从复合句类似，但缺少特定的外在体现形式，因而可将其视为隐性联系。除了语调外，一些语气词在无连接词复合句中可以承担连接词的功能，将句子间的隐性联系外在体现出来。比如，加强语气词*ведь*指明一种显而易见的既定事实，用于连接分句时可以表示这个事实作为另外一项事物的原因而凸显其重要性：“*Уйдем, ведь уже поздно.*”这里的*ведь*体现的是一种原因关系。有类似用法的还有语气词*же*和*просто*等：“*Я это на себя не возьму не из вредность — просто я устала.*”再比如，既可以作为连接词又可以作为语气词的и常用于连接并存的现象或事物，但也可以在主从关系的无连接词复合句中表达一种结果关系：“*Мне предложили, я и согласился.*”此外，在表示制约关系、让步关系的无连接词复合句中，同样可以不借助特定的连接词，而使用语气词来间接体现句间关系。但当无须额外付出言语思维活动即可明了句间关系时（如说明关系），便不应再使用语气词发挥连接词的功能。

句子内容方面的隐含是在表层结构中没有直接体现的深层语义内容，涉及句子结构的多样性、表达手段的相互作用、语调的变异性、对交际情景不同程度的依赖性等众多方面。（孙夏南 1995：1）一些学者使用“语义内隐句”的概念，区分出常规的语义内隐句、潜结构的语义内隐句和情境的语义内隐句。常规的语义内隐句与传统的分类句同型异义， 如“*Что плакать? (Не стоит плакать.)*”“*Это ли не удача? (Это удача.)*”“*Много он мне помогал! (Он мне не/мало помогал.)*” 等，有一套熟语化、模式化的词汇-语法框架，有专用的调型、调位和相对确定的人称、时、式、体的形式以及词序等。潜结构语义内隐句如“*Я тебе покурить! (Я тебе решительно запрещаю курить.)*”“*Попробуй только трогать его! (Не смей трогать его.)*”等内隐着禁止、必须等威胁性语义内容。情境语义内隐句在不完全的语句外观形式下将真实内容融于语境条件中，如“*Закрой, ветер. (Закрой дверь, дует ветер.)*”等。上述关于语义内隐句的观点仅是对句子内容隐含研究的一个方面。句子内容隐含的范围和类型问题仍须反复讨论，此外，还可以从是否能总结出规律性的形式框架模型、掌握其语调特点、是否具有语体特征等问题着手。

2.4.2.4 超句层次的隐含

超句层次的隐含存在于比句子更大的单位中：超句体或微型语篇的片段、节、章或全文，不拘于书面形式或口头形式，可以是日常会话、新闻简讯、广告标语、文学作品、商务会谈等。超句层次的隐含因涉及语义、语用、修辞因素而变得复杂，受到作者的个人风格与写作技巧、读者的知识储备与认知水平、说话人的交际策略、听话人的言语思维能力、交际情境提供的背景条件等因素的影响。超句层次的隐含内容可以是现实或非现实世界中的客观事实内容，也可以是作者或说话人主观情感、评价、意图的内容，还可以是读者或受话人通过言语思维活动获得的补充性内容。例如：

Так мало был оценен этот ответ, что Наполеон даже решительно не заметил его и наивно спросил Балашева о том, на какие города идет отсюда прямая дорога к Москве. Балашев, бывший все время обеда настороже, отвечал, что comme tout chemin mène à Rome, tout chemin mène à Moscou (как всякая дорога, по пословице, ведет в Рим, так и все дороги ведут в Москву), ***что есть много дорог, и что в числе этих разных путей есть дорога на Полтаву, которую избрал Карл XII****, сказал Балашев, невольно вспыхнув от удовольствия в удаче этого ответа.*

(*«Война и мир» Толстой, 1863-1869*)

这个回答根本没被当回事，拿破仑甚至全然没有理会它。他天真地问巴拉绍夫从这里直达莫斯科的路都经过哪些城市。巴拉绍夫在整个午宴上都很警惕，他回答说，正如谚语“条条大路通罗马”一样，条条大路也通往莫斯科。有很多条路，这些道路中有一条是查理十二世所选的途经波尔塔瓦的道路。说到这儿，巴拉绍夫不禁为自己成功的回答而得意得脸都红了。(《战争与和平》，朱宪生译)

在《战争与和平》的这段情节中，拿破仑向受沙皇委派到来的巴拉绍夫问道，从此地直达莫斯科的路上会路过哪些城市。拿破仑的提问表面天真，实则威胁，仿佛莫斯科已是自己囊中之物。巴拉绍夫的回答也含有深意，提醒拿破仑侵犯莫斯科并非探囊取物般容易，侵略者卡尔十二世就曾在波尔塔瓦被彼得大帝打败。

超句层次的隐含现象目前依然是学界探索的热点问题，它的范围界限、属性特征及类型划分仍然是所有研究开展时最先需要反复讨论的基础理论问题。本书的研究对象语篇隐含即属于超句层次的隐含。

2.5 本章小结

本章从语言学领域的隐性问题研究入手，梳理了以沃尔夫隐性语法范畴学说为代表的语法层面的隐性研究以及以奥斯汀言语行为理论、格赖斯会话含意理论等为代表的言语层面的隐性研究。我们把语言单位和言语产品表达层面和内容层面不对称的现象统称为“隐含”，并罗列了隐含研究涉及的多种语言和言语现象以及语言学不同学科分支给予隐含研究的关注，进而凸显了本书的研究价值。

作为一种复杂多层面现象的隐含，其复杂性一方面源于语言自身，另一方面源于语言操纵者人的因素。以言语层面的隐含为例，通过观察人的言语交际行为中思想观念从产生到被理解的过程，可以发现隐含的产生和理解与交际参与者的一系列言语思维活动息息相关，进而揭示了隐含作为一种心智现象、心理现象、语言学现象、认知现象的复杂性。

我们以词典和语言学家对隐含所做的概念阐释为基础，总结出隐含的不对称性、两层面性、间接性、可获知性、与显性成分相互作用和非单义性的本质特征，并把隐含定义为：语言单位和言语产品间接表达出来的意义、意思和内容，与语词表达的外部形式及显性语义成分相互作用，能够通过接收者的惯性语言意识和逻辑思维活动被获知，其理解结果可能因人而异。

为了更严谨地展开论述，需要解决隐含研究中普遍存在的术语混用和概念界定不清的问题。我们着重论述并区分了潜台词、蕴涵、预设、含意和省略以及意义、意思、内容、信息这两组在俄文、中文文献中常见的易混术语和概念，并提出了笔者的个人理解。

在解决了隐含的概念阐释、术语区分问题后，需要对隐含进行科学的类型划分。根据语言与言语之间的对立关系，可以把隐含划分为语言隐含和言语隐含。前者是语言单位所固有的语义和句法特征，没有特定的具体形式标志和明显的类别意义。后者是言语单位以间接方式传递客观信息和交际者主观意图以及言语接收者付出额外努力获得的补充性理解。根据语言系统的层级，可以划分出形态层次的隐含、词汇层次的隐含、句子层次的隐含和超句层次的隐含。本书的研究对象语篇隐含即属于超句层次的隐含。

第三章　语篇隐含的定义、特征与类型划分

3.1 作为人类言语思维统一体的语篇

自20世纪60—70年代确立了语篇语言学的独立学科分支地位以来，语篇不再是文学独有的研究对象。语言学家给语篇所下的定义层出不穷，这一方面体现出语篇自身的复杂性，另一方面也反映出语篇研究的多种视角和路径。许多学者的语篇定义指出，语篇作为一种语言现象和超语言现实，是具有形形色色功能的复杂现象：它是一种交际手段、贮存和传递信息的方法、个体心理活动的反映、一定历史时期的产品、文化存在的形式、一定社会传统的反映等。这是导致语篇出现众多定义的原因，也决定了需要从不同角度对语篇进行研究。（Красных 2003：118）传统的语篇研究除了语篇语言学外，还集中在语篇语法学和语篇修辞学中。语篇研究者们力求首要解决的问题，一是确定语篇在语言和言语系统中的位置，二是划分语篇特有的范畴特征。

在关于语篇是语言单位还是言语单位的看法上，学者们各成一派。将语篇看作最高层级语言单位的学者从语篇语法学的角度研究语篇中不同层级单位之间的相互联系、相互制约和相互作用，从局部到整体地关注建立在语篇构建基础上的语法结构和基本原则，这些原则“不属于言语领域，

而属于语言体系或者说语言范围”。（Москальская 1981：9）首先获得关注的是作为语篇片段的、各句之间存在连贯性的超句子统一体，具有结构上的完整性、可脱离语境的独立性、成素间的紧密性等特点。

大多数学者认为语篇是言语单位，它的产生与理解在交际过程中进行。（Малычева 2003：13）它首先形成于作者的创建时刻，在受众的接收过程中获得新生。（Красных 2003：125）语篇是交际系统的元素，是一个完备的言语产品，具有不同于语言单位的特殊构成规律和功能，它的预先完备性决定了它的交际任务必须作用于交际对象。语篇既包含了纯语言学要素，也包含了生成和理解语篇不可或缺的超语言学要素。

也有学者将语篇既看作语言单位，又看作言语单位。笔者赞同此种观点。语篇在言语交际过程中是一个完备的言语产品，但归根结底，它是由语言系统的各层级单位按照一定规则组织起来的。语篇的规律性既包括语言体系的语法规则，也包括言语交际的构建原则。

语篇研究进入新时期后，学者们逐渐把目光移向语篇的生成、接收和理解问题。此种研究视角把语篇置于更广泛的交际语境中，除了研究语篇本身，还研究生成语篇和理解语篇的人的作用。这样就将对语篇的理解从最高层级语言单位和言语交际产品更进一步拓展到语篇是人类言语思维统一体，是认识世界和理解世界的手段和工具。“语篇是语言、言语和智力因素在它们相互联系和相互作用中的综合体。”（Новиков 1983：4）人们使用语言的最终目的是要表达和交流思想，单个的句子或言语都不足以完成这个任务，只有作为思想统一体的语篇才能做到。

关于语篇的范畴特征，获得普遍认可的看法是语篇具有整体性（целостность）、关联性（связность）、情态性（модальность）、信息性（информативность）、完结性（законченность）、完整性（завершенность）（Шевченко 2003）等特征。还有一些学者提出整合性（интегративность）、延展性（развернутость）、序列性（последовательность）、深刻前景

（глубинная перспектива）、静态性与动态性（статика и динамика）（Новиков 1983）；情境性（ситуативность）、意向性（интенциональность）（Зарубина 1981）；衔接（сцепление）、整合（интеграция）、递进（прогрессия）、停滞（стагнация）（Тураева 1986）；切分性（членимость）、延续性（континуум）、回溯与前瞻（ретроспекция и проспекция）（Гальперин 2007）等特征。在这些众多范畴特征中，整体性是语篇的最本质特征。

加利别林认为“语篇各组成部分的整合结果就是语篇的整体性”。（Гальперин 2007：51）瓦尔金娜（Н.С. Валгина）则把整体性理解为意义整体性，体现在主题统一体中 —— 微主题、大主题、完整言语作品的主题。（Валгина 2003：45）列昂季耶夫（А.А. Леонтьев）认为“整体性是语篇作为意思统一体和统一结构的特征，贯穿于整个语篇”。（Леонтьев 1979：12）索罗金（Ю.А. Сорокин）从心理语言学视角把整体性解释为“语篇在与接收者相互作用过程中出现的潜在投射（观念）状态”。（Сорокин 1982：65）诺维科夫把整体性看作“语篇内容成分的内部关联性在语篇上的投射”，并指出整体性与关联性的联系：“语篇在具有外部关联性的情况下可能会缺乏内部关联性，因为不可能将客观世界中的所有内部、外部成分都相互关联，语篇可以看作内部关联的，因而是整体性的，并且语篇通常缺乏外部关联性。”（Новиков 2007：21）笔者更赞同莫斯卡利斯卡娅（О.А. Москальская）的观点，她认为语篇的整体性同时体现在结构整体性、意思整体性和交际整体性上，与之相对应的是形式、内容和功能。（Москальская 1981：17）结构整体性体现在语篇中有众多句间联系的外显标志；意思整体性体现在语篇的主题统一中，这是语篇的意思核心和内容提要；交际整体性体现在超句体中每个后面的句子都在交际背景中依赖于前一个句子。其中，语篇的结构整体性是意思整体性和交际整体性的外在体现。

综上所述，作为本书研究对象所依存的物质载体，语篇不仅是最高层级的语言单位和言语创作活动的产品，也是最大的交际单位，更是人类言语思维的统一体，是人们认识世界、理解世界、交流思想的媒介。语篇由多少不等的句子通过联系手段结合成统一体，以书面和口头两种形式存在，具有整体性和关联性等基本特征。语篇组织分为形式结构、语义内容和交际语用三个层面。形式组织为语篇各级构建单位：超句体、片段、节、章、全文。语义组织是语篇的概括内容方面，体现为各级构建单位都具有自己的主题中心。交际组织向语篇读者和听者传达未知的新信息或语篇创作者的交际意图。语篇的生成和理解是在人们思维活动过程中进行的。在这种综合性视角下的语篇主要特征之一是"外部形式与内部形式的统一"。外部形式指的是"语言手段的总和及这些手段的内容方面"。这是能够直接接收、思考和理解的部分。那些被理解的内容构成了语篇的内部形式，这是"在人的智力活动中形成的思维结构，它与外部形式之间不是组成元素的逐一对应，而是外部手段总和的整体对应"。（Новиков 1983：4–5）

3.2 语篇隐含的定义与特征

关于语篇隐含的定义，笔者在研究综述中介绍过俄罗斯学者对语篇隐含概念的解释。比如，阿尔诺利德将语篇隐含解释为语篇中附加的、暗示的意思，不仅传达事物–逻辑信息，还传达主观–评价和情感信息。（Арнольд 1982）再比如，诺维科夫和别什科娃将语篇隐含定义为在语篇外部结构里没有体现，但存在于语篇内部结构中的内容和意思成分。（Пешкова 2009）笔者在吸收俄罗斯学者关于语篇隐含的观点和看法的基础上，对术语语篇隐含做出更为详细的阐释，并对语篇隐含的区别性特征进行更为全面的总结。

作为语篇深层内容结构的重要组成部分，语篇隐含（текстовая имплицитность）指的是在语篇的微观上下文（小语境）中，语篇创作者间接、隐晦表达的意思成分，既可以是关于现实或非现实世界的客观内容，也可以是对客观现实的主观认识、态度和意图，还包括语篇接收者补充性、附加性、联想性的理解。这种意思成分在语篇的形式组织层面可以有其特殊的体现方式，是语义层面不可或缺的组成部分。语篇隐含主要具有如下特征：

（1）语篇隐含所存在的范围界限是语篇的微观上下文，即小语境。它不是语篇中单个词或单个句子意思的一部分，而是语篇片段作为一个整体的内容的一部分。微观上下文的范围是由语篇情景决定的，其最基本的要素是参与情景的人物，其他要素包括时间、地点、活动、人物行为及与其活动相关的事物。（Арнольд 1982：84）因此，语篇隐含所存在的形式界限是一个或几个超句体、对话统一体或段落。这也是语篇隐含与涉及语篇全文主题的潜台词的最显著区别。潜台词需要语篇接收者从完整作品内容中提取，并且这种提取不是毫无根据的读者加工，而是要依据作者创作语篇的思路。（Федосюк 1988：24）

（2）语篇隐含不具有明显的标记性。语篇创作者通过词汇的选择、句式的构建、语调的转换、修辞手法的运用间接表达意思内容。一些带有隐含意思的语句，形式上可能与语义外显的普通句式一模一样，如“*Я те(тебе) уеду. (Горький)*”意思是“*Я не разрешаю тебе уйти.*”此时，只能通过语气和语调来判断是否带有内隐的语义。还有一些成语化的结构，如“*Какой он певец!*”“*Ну и мастер!*”若用ИК–5说出，一般表达积极的正面评价；若用ИК–2或 ИК–7说出，则大概率表示负面的评价意义。这类情况在口语句式中较为常见。

（3）语篇隐含对于某一功能语体的语篇来说具有相对的共性特征。例如，公文事务语体和科技语体中语篇隐含出现的频率要比口语语体和文学语体少得多。口语语体中语调的运用要比其他语体中的更加突出。同时，对于同一功能语体的不同具体语篇来说又具有绝对的个性特征。例如，尽管同属于文学语体，叙事作品和抒情作品中的语篇隐含各有其侧重点。并且即使是属于同一体裁类型的语篇，其创作者不同，从作品中体现出来的对于隐含语义语言表达手段的选择偏好也各不相同。

（4）语篇隐含的表达符合语篇创作者的主观意图，是创作者构建语篇之前预先计划好的。对语篇接收者来说，语篇隐含提供的信息是正确理解语篇内容的前提。虽然同属于语篇深层结构，但比起潜台词，语篇隐含的内容更靠近表层一些，它的功能主要在于向语篇接收者提供新的、有价值的信息。只有掌握了每个小语境范围内的信息，才能掌握整个语篇的主要内容，更进一步理解升华了的、发人深省的作者潜台词和语篇主题思想。

（5）语篇隐含的获知是语篇接收者在语境中进行逻辑推理的解码过程，依靠的是接收者在长期的言语实践中积累的语言知识、日常生活中积累的百科知识和演绎推理的能力。语境是进行推理的关键要素。一般理解下的语境包括语言语境和情景语境。语言语境即上下文内容，语篇报道片段的前言后语。情景语境来自语言外部，反映了语言与社会环境的关系，小到语篇接收者的个人情况，如性别年龄、文化修养、知识水平、生活经验等，大到时代的性质和特点以及社会的政治经济、科技文化、历史地理背景等。

我们以读者所熟知的契诃夫短篇小说《万卡》（«Ванька»1886）来分析上述语篇隐含的特征。《万卡》讲述了一个被送去鞋匠家里做学徒的孩子遭受了非人的待遇，于是写信给爷爷请求把自己带回家去的故事。令人印象深刻的情节在小说结尾，万卡把小心翼翼写完却没有贴邮票，也没有写明收信人地址的信塞进邮筒，满怀憧憬地睡着，在梦里见到爷爷读信的样子。在这段情节涉及的语篇情景要素中，人物依然只有万卡，但人物行为和地点已发生改变，由写信诉苦变为把信装进信封，从鞋匠铺子里来到街上，因此可以把这部分内容看作一个小语境。在这个小语境范围内，从字面上看作者并没有使用特殊的表达方式，却将故事结局以蕴涵的形式呈现。读者依据日常生活经验可以判断出，没有贴邮票并且没有写明寄件人和收件人详细信息的信件是无论如何寄不到目的地，也无法退回寄件人那里的。最终的结局是万卡沉浸在无法实现的期盼中继续过着悲惨的生活。如果读者没有理解这一不言而喻的结果，那么对整个作品情节线索的理解就会出现偏差，进而影响到对整部作品主旨以及小说潜台词的理解。《万卡》的作品主题是“迷失在人群中的童年”（детство, потерянное в «людях»），作家通过讲述这个故事揭露了贫苦家庭孩子的社会底层地位和悲惨境遇，批判了成年人对处于弱势地位的孩子的残酷和冷漠，进而潜在呼吁孩子的童年应当在关怀和照顾中度过。对这些主旨思想和潜台词的把握必须以理解作品隐含信息为前提。如果不深入理解作品各个小语境的情节内容，比如万卡在乡下自由温馨的生活、来莫斯科后遭受的虐待以及令人惋惜的故事结局，就没办法从整个作品中提取它的主旨思想和潜台词。

在以往的语篇隐含研究中，有学者仅以语篇中的对话，即以直接对话形式和间接对话形式（独白中的对话）构成的对话语篇为研究对象，采用的主要是语用学领域的间接言语行为、合作原则、礼貌原则等理论。这类研究本质上接近交际框架内的日常口语对话的语用研究。笔者认为，这是不全面的。尽管对话是语篇隐含的常见载体，但除去对话之外的语篇其他组成部分也是隐含的重要载体。因此，本书的研究材料包含语篇的任意组成部分，可以是作品标题，可以是人物对话，也可以是作品对话内容之外的任何叙述、描写、议论的部分。

3.3 语篇隐含类型划分的基本原则

在隐含研究的现有成果中，俄罗斯学者对语篇隐含的多角度研究，尤其在概念、分类和理解等问题的探讨上颇有特色。费多修克、弗罗尔金娜、阿尔诺利德、利索琴科、诺维科夫等学者的分类观点值得笔者参考借鉴。

费多修克根据隐性内容与语篇发出者交际意图的关系，划分出三种隐性内容类型：语篇隐性内容（текстовое имплицитное содержание），潜台词隐性内容（подтекстовое имплицитное содержание）和语篇附加隐性内容（притекстовое имплицитное содержание）。语篇隐性内容的传递符合语篇发出者的明确交际意图。语篇发出者的交际意图可以根据内容表达的语境和情景来判断。潜台词隐性内容的传达符合语篇发出者的隐藏交际意图。尽管并不要求语篇接收者一定要理解，但它包含某种证据表明这是语篇发出者有意要传达的内容。语篇附加隐性内容的传递并非语篇发出者的交际意图，也并非一定要被语篇接收者理解。（Федосюк 1988：12–13）

根据传递报道的功能，费多修克又把隐性内容划分为：结构性隐性内容（конститутивное имплицитное содержание），伴随性隐性内容（коннотативное имплицитное содержание）和交际性隐性内容（коммуникативное имплицитное содержание）。（1）结构性隐性内容是隐性表达的语句内容的必需成分，对理解语句至关重要。结构性隐性内容属于语篇隐性内容，因为它符合语篇发出者的交际意图。解释结构性隐性内容必须重新造句。例如，“*—Я пойду завтра в парк. —И я с тобой.*”从语境中不难将句子进行重塑：“*И я с тобой пойду.*”但笔者认为，这类隐性内容实际上算作省略，因为根据吕叔湘等人的观点，省略是能添补出来且仅有一种添补方法，“*пойду*”是语句意思里有、但句法位空缺的成分，在此情景中有且只有一种填补方案。（2）伴随性隐性内容是语篇或语篇成分的内容中隐性表达的修辞性意味，主要包括语篇的表情色彩、喜剧色彩、修辞色彩、主观色彩和引喻等。表情色彩传达了语篇发出者的内心波动和感受；喜剧色彩通过语言手段引起喜剧效果；修辞色彩体现语篇体裁风格和作者个人风格；主观色彩反映了所述事件观察者的态度和立场；引喻是语篇或语篇片段引起接收者对已知事实的联想。伴随性隐性内容是补充性的，它可以符合发出者的隐藏交际意图或与交际意图毫无关系，因此它可以是潜台词隐性内容或语篇附加隐性内容。（3）交际性隐性内容是无须借助述谓化传递的报道，它的解读需要构建新的语句补充语篇中的已有内容，主要分为隐性陈述信息（имплицитно предицируемые сообщения）和蕴涵。（Федосюк 1988：13–24）

多利宁把语句的隐性内容与潜台词两个概念对等，指语言单位的常规词汇和语法意义没有直接体现的，但能在理解语句时获取的内容。他区分了所指潜台词（референциальный подтекст）和交际潜台词（коммуникативный подтекст）。前者与语句的称名内容有关，反映指称情景，其产生的前提是现实事物和现象与相应概念之间的相互联系。后者与交际行为和交际参与者密切相关。他指出任何言语至少都应遵循四个原则：可理解性、目的性或理据性、情境性和连贯性。此外，还有一系列相互联系的交际情景参数，也就是语言外因素，如说话人和受话人、所指情景、活动情景、事物–情景背景、联系通道。从言语中得出的关于交际参数的推论就是交际潜台词。(Долинин 1983：39)

弗罗尔金娜对隐含和含意的理解与本书观点相近。她把隐含看作某种意义的不公开、间接、暗示、隐晦的表达，把含意看作规约性程度不同的、表达某种意向性意义的间接言语表达式。她的隐含分类较为细致，首先划分出形式隐含和内容隐含。前者包括省略和其他不完全结构。后者又分为非意向性含意和意思隐含。她把意思隐含分为语句层次的隐含和语篇层次的隐含两大类。语句层次的隐含细分为语义性意思隐含、主观评价性意思隐含和常规–语用性意思隐含。语篇层次的隐含细分为语境–文化性意思隐含、逻辑–情景性意思隐含和心理–策略性意思隐含。（Фролкина 1995）

诺维科夫和别什科娃的观点较为不同。他们认为，作为一种多层次思维产物的语篇体现为至少三种形式的信息：第一，在语篇语言手段作用下直接产生的信息；第二，已知的“旧”知识，是补充性的、理解语篇必不可少的基础；第三，在已知联系和关系的基础上从语篇内容中提取的新信息。别什科娃把第二种信息称为“预设”，第三种信息称为“蕴涵”，两者合起来就是语篇隐含的内容。（Пешкова 2009：223）

上述学者从不同角度对隐含现象进行的分类描写，为本书提供了许多有参考价值的观点。笔者认为，划分语篇隐含类型需确定一个分类依据，首先应考虑语篇的内容层次问题，或者说语篇所提供信息的类型问题。

我国学者华劭受捷利亚（В.Н. Телия）思想的启发，在报告《语义模块理论与词典》中提出“任何语义结构（包括词语、句子、篇章）都是由所指模块（д）、语法模块（г）、理据模块（м）、表情模块（э）、评价模块（о）和修辞模块（с）组成”的观点。（华劭 2007b：127）他将模块理论扩展到语句分析上，论述了语句意思组成部分及其相互关系，包括：语句命题内容P、实际切分产生的意思R、语句情态M、语句指称意思D、语句可能蕴含的潜在意思Q。他把语句潜在意思分为：基于修辞手段推出的意思、基于逻辑蕴涵关系推出的逻辑后项内容、根据会话准则推出的意思、预设。（华劭 2007c：134–157）诚然，语篇中的潜在意思不会与语句的潜在意思完全相同，但一定有某些重合的地方，因为两者都有着交际报道的功能。

加利别林把语篇信息类型分为事实内容信息（содержательно-фактуальная информация）、观念内容信息（содержательно-концептуальная информация）和潜在内容信息（содержательно-подтекстовая информация）。事实内容信息是对正在发生、已经发生、将要发生在我们周围真实或想象世界中的事实、事件、过程的报道。观念内容信息告知读者作者个人对事实内容信息所述现象间关系的理解，包括对这些现象在人们社会、经济、政治、文化生活中的意义的理解以及对人际关系等方面的理解。观念内容信息多数不直接表现出来，对其解码需要进行思维活动。潜在内容信息是从事实内容信息中提炼出来的隐藏信息，因语言单位有生成联想意义和附加意义的能力，还因超句体中的句子有增加句义以外意思的能力。潜在内容信息与语篇接收者的知识、联想能力、理解能力有关。（Гальперин 2007：27-28）加利别林虽然没有直接提出语篇隐含的概念，更没有对语篇隐含进行分类，但他区分的三种语篇信息类型对本书划分语篇隐含有直接的启发。

瓦尔金娜把语篇中的内容信息类型分为与经验认识水平相对应的事实信息（фактологическая）、与理论认识水平相对应的概念信息和假定信息（концептуальная и гипотетическая）、描述信息掌握方式的方法论信息（методическая）、与评价、情感、伦理道德层面相关的审美信息（эстетическая）、针对特定行动的工具信息（инструктивная）。（Валгина 2003：46）这些信息或单独或同时出现在不同类型的语篇中。比如，事实信息、概念信息和假定信息首先是科学语篇的内容特点，事实信息和审美信息是文学语篇所具有的，方法论信息为教学语篇所有，报刊政论语篇同时具有事实信息和评价-情感信息。瓦尔金娜对语篇信息的分类依据是语篇内容的功能。语篇作为交际和信息单位，除了具有形式-语法层面，还具有功能-意思层面，正是这两个方面塑造了语篇的区别性特征。

博洛特诺娃（Н.С. Болотнова）把语篇内容理解为通过语言形式体现

出来的作者概念世界图景的片段，它符合作者考虑到接收者因素的意图。因此，语篇内容包含通过作者意识折射出来的关于世界的信息，这些信息会经过作者个人的评价和感情修饰。他把语篇的内容方面分为信息－意思层面（информативно-смысловой уровень）和语用层面（прагматический уровень），列举了不同学者提出的语篇类型：莫里（А. Моль）的逻辑信息和美学信息，和库哈连科的语言信息、交际信息、理念信息（идейная）、美学信息等。（Болотнова 2009：343）

根据前人研究成果的启发，笔者认为有必要提出划分语篇隐含类型需遵循的基本原则：

（1）区别不同的功能语体类型。对语篇表达方式起决定性作用的因素是同交际领域相联系的语言的具体功能。换句话说，社会活动领域这个语言外因素制约着每个语体的语体特征和基本的言语表达方式。语篇适用的交际对象也会影响语篇的言语组织。（吕凡等 1998：20）在科学语体、公文事务语体、报刊政论语体、日常口语体和文学语体中，文学语体与前四种语体之间存在本质性区别。瓦尔金娜将文学语篇与非文学语篇之间的区别性特征总结为：是否与人类活动有直接的联系；是否具有美学功能；语篇内容的外显或隐含；理解的单义性与多义性；反映的是现实还是非现实世界。（Валгина 2003：69）与非文学语篇依据逻辑思维法则（законы логического мышления）来构建相比，文学语篇的构建依据的是联想－形象思维法则（законы ассоциативно-образного мышления）。非文学语篇主要发挥的是交际－信息功能，它的内容通常是单一层面的、反映客观现实的；文学语篇主要发挥的则是交际－美学功能，反映的是透过作者眼光看到的世界，所描绘的内容总是具有潜台词的、阐释的层面。

文学语篇和非文学语篇为隐含提供的物质存在条件有较大区别。公文事务语体服务于政法领域，发挥调节人们在社会生活中相互关系的功能。其基本语体特征是表述高度准确，内容详尽周密，语气客观、正式、严肃，不允许存在含混不清、模棱两可的表达，因而基本不会有语篇隐含存在的可能。科学语体用于表达、传递、保存各种科学知识，其语言特征是抽象、概括，句法结构严密完整，句间关系逻辑严谨，表述通常含义单一。在学术分体、教材分体和科普分体中，学术分体最充分体现科学语体的上述特征；教材分体因针对特定水平和年龄的受教育群体，语言适度抽象严谨，可以采用带有感情表现力的语言手段；科普分体传播科技常识，语言通俗化且具有一定的趣味性，能够使用比喻、借代、隐喻等修辞手段。报刊政论语体反映人们社会政治生活领域的许多方面，无论是报道的内容、角度，还是分析评论的观点，都有很强的现实针对性和政治倾向性。它的报道功能一方面要求准确、具体地说明事件发生的时间、地点、参与者、主要内容等，另一方面要适合大众的接受水平，所以同样尽可能地少有信息的压缩与删略，在语言表达上要通俗易懂，在行文上要避免隐晦和暗示。其感染功能要求对事件的性质、意义作出有说服力的分析和立场鲜明的评价。（吕凡等 1998：123–124）口语语体用于日常生活、生产劳动以及非正式场合的私人交际，其基本形式是口头对话。口语语体是非文学语体中广泛存在隐含现象的功能语体，隐藏的主要是说话人的真实意图以及感情评价色彩。口语语体为隐含的表达提供了多种方式，除了词法、句法、修辞手段外，语音手段如语速快慢、音调高低、音色变化等以及非语言手段如表情、手势、言语情景等都发挥了重要作用。

（2）即使在同一功能语体类型中，语篇隐含的划分也应针对不同体裁类型。体裁是影响语篇言语组织的又一重要因素，可赋予言语以某种特点。以文学语体中的散文语篇和诗歌语篇为例。散文语篇的言语表述是不连贯的，言语的切分自然而然地取决于句法和意思结构；诗歌语篇的言语是节律性的，它的切分依靠节律单位如诗行、诗节、二行诗或四行诗。（Валгина 2003：111）“诗歌并不提供信息或者实用性建议，它呈现的是思想，它的价值也恰恰在于它的非信息性、与现实需求相脱离上。”

（Тамарченко 2001：96）诗歌语篇的韵律性特征首先通过语调和格律实现。诗歌中的语调经常会失去原有的语义和逻辑色彩，变得意调和谐，词的重音也可能改变去迎合诗句韵律。对于诗歌语篇而言，通过韵律形式传达情感非常重要。（Валгина 2003：112）可见，散文语篇与诗歌语篇隐含内容的类型各有偏向性，散文语篇中既有情感内容的含蓄表达，也有非情感内容的间接表达；诗歌语篇中情感的含蓄表达则占主要部分，且诗歌语篇中隐含表达的语音手段比散文语篇中更为普遍和丰富。

再以报刊政论语体为例。对于简讯、通讯、时评、社论等体裁来说，语言表达接近公文事务语体和科学语体，以报道客观事实为主要任务，句子结构完整、严谨，程式化表达比例较大。而现场采访、讽刺小品、特写等带有文学性的体裁中，作者有表达自身主观情态的需求以感染读者并对其施加影响，语言手段的表现力明显增强，各种修辞手段的使用、带有丰富内涵意义词汇的选用或特殊句式的选择为隐含的存在创造了条件。

（3）严格区分形式上的删略和内容上的隐含。与弗罗尔金娜区分形式隐含和内容隐含不同，本书的隐含概念不包括她归纳为形式隐含的省略和其他不完全结构，仅指意义和意思层面上的间接性、隐藏性、压缩性表达。以口语会话为例，日常口头交际是即兴组织的言语，语句通常短小精悍，句子结构上常出现省略和缩减。如：“*— Завтра я пойду в театр. — Я тоже.*”对话中的第二句为省略句，其完整的句子结构为：“*Я тоже пойду в театр завтра.*”句子中缺失成分的添补有且仅有这一种方案。尽管结构成分出现缺失，但句子意思是明了的、单义的、完整的，不存在隐藏的话语意思，不会导致听话人有多余的理解。而在对话“*— Завтра пойдем в театр? — У меня будут занятия завтра.*”中，虽然答句没有出现句子成分的缺失，结构完整，但答话人真正要表达的意思为“*Завтра я не могу пойти в театр, потому что у меня нет времени, будут занятия.*”属于交际意图的间接表达。

3.4 文学语篇中的隐含类型划分

3.4.1 文学语篇的言语组织特点与内容类型

根据语篇的言语组织类型，文学语篇可以划分为散文语篇和诗歌语篇。根据作品的体裁，文学语篇可以划分为：（1）抒情作品，包括颂诗、颂歌、挽歌、十四行诗、讽刺短诗、寄语、短诗等；（2）叙事作品，包括长篇史诗、长篇小说、中篇小说、短篇小说、童话、寓言、神话等；（3）戏剧作品，包括悲剧、喜剧、话剧、歌舞剧、滑稽剧等。前文已强调过划分语篇隐含类型须坚持针对不同语体以及不同体裁的原则，因此后文将选择以文学语篇为分析对象，以叙事作品中的小说作品为语料，将文学语篇的言语组织特点、功能特征和内容类型作为划分语篇隐含的参考依据。

文学语篇是这样一种言语产品，它既有纯语言学层面，也有超语言学层面 —— 关于世界的知识、创作者的目的和意图等对于理解和诠释语篇至关重要的因素。“超语言学因素包括一系列特定的独立变量（个体心理的、社会心理的、文化的等），这些变量影响着语言携带者的言语和非言语行为策略。”（Сорокин 1998：21）阿赫玛诺娃和久边涅特在平行语境（горизонтальный контекст）[①] 概念之外提出了与语篇超语言因素密切相关的纵向语境（вертикальный контекст）概念。“纵向语境是文学作品的历史-语言语境（историко-филологический контекст）”，是关于“作者如

① 平行语境（горизонтальный контекст），即某一语言单位的语言环境、该单位在言语使用中的条件和特点，及其在书面言语片段中能帮助确定词及句子意义的完整语义方面。

何以及为什么预判读者有能力理解由自己主观地注入作品中的历史－语言信息的问题”（Ахманова, Гюббенет 1977：49），是“整个社会制度，社会阶层的所有概念、思想、观点、知识，是某一作家或某一类型作品能够被不同国家和不同时代的读者接受所必需的”。（Гюббенет 1980：97）纵向语境概念反映了语篇超语言因素中最重要的一个方面，即语篇与文化的紧密联系。（Бабенко, Каразин 2003：32）

文学语篇的语言具有独特的美学功能，与艺术活动特有的形象思维相联系。“文学是语言的艺术，即用语言塑造形象以反映生活、表达作家思想感情的艺术。艺术这个交际领域的特殊性决定了文学作品的语言是与其他交际领域所使用的实用语言相对的艺术语言。”（吕凡等 1998：213）文学语言的艺术形象性是文学语篇的本质属性，与实用语言的形象性存在根本性区别。后者主要借助本身就含有具体形象的语言手段，如词的形象性转义用法及隐喻、明喻、代用等辞格。文学语言的艺术形象性不仅使用具体、生动的形象性语言手段，还运用语言本身塑造艺术形象。凡是为塑造艺术形象所需的一切语言手段与材料，无论其本身是否具有形象性，都可通过作者的驾驭获得艺术的形象性。（吕凡等 1998：215）

文学语篇的一个区别性特征是它不仅具有语义信息，还具有所谓的文学信息或美学信息。这种文学信息仅实现于某一具体的文学语篇中。（Домашнев 1989：22）文学信息指的是文学作品对读者的影响效力，作者试图充分地传达自己想象中的“世界”，揭示这个“世界”里事物的本质，以此去征服读者的想象力。文学作品对读者的影响效力可以根据作品能引起读者多少补充性的联想来评判，也就是语篇的意思深度。参与建立语篇深度的首先是可以赋予文学语篇美学价值的隐性意思。（Исаева 1996：83）

文学语篇隐性意思的产生是由于其成素的同列联系（соположение），各成素的意思相互作用，产生了新的不具有直接表现形式的意思内容。

（Бабенко, Казарин 2003：53）语篇各构成单位的隐性意思在语篇中不是孤立地存在，它们密切地相互作用形成复杂的完型（конфигурация）。语篇结构中隐性意思的完型取决于它们在相邻性（смежность）、搭配性（сочетаемость）、例外性（исключение）、同一性（тождество）方面的相互作用，这是意思在整个语篇中的延展过程。（Иванкова 2007：50）隐性意思保证了意思在不同交际单位层次上的相互转化，帮助文学语篇构建语义统一体和修辞上的完整性，因此可以把语篇隐含看作一种语篇的构建要素。（Старкова 1983：17）文学语篇的意思是所有形式的隐性信息与外显信息的总和。它的意思结构最为复杂，是一个美学完整体，包括数量众多、层级相连的成素。无论是表层意思结构还是深层意思结构中的每个成素都是表意的、无可替代的。（Лелис 2013b：5）

（1）在加利别林划分的三种语篇信息类型，即事实内容信息、观念内容信息和潜在内容信息中，事实内容信息“就其本质来说是外显的，即总是通过语词表达出来的”，观念内容信息“并不总是十分明显地表达出来”，只有潜在内容信息无一例外是“隐藏的信息，从事实内容信息中提炼出来”。（Гальперин 2007：28）伊萨耶娃（Л.А. Исаева）认为，尽管加利别林的观点对于语篇信息范畴的研究贡献颇多，但把有着不同呈现方式的信息（隐性呈现和显性呈现的）归为一类，为语篇信息类型的研究带来了一些干扰。（Исаева 1996：27）笔者赞同伊萨耶娃的观点，认为在事实内容信息中同样可以区分出隐性表达的信息和显性表达的信息。

事实内容信息是对正在发生、已经发生、将要发生在我们周围真实或想象世界中的事实、事件、过程的报道，是具有存在性特征的信息。文学语篇尽管不以事实报道为主要功能，但在作者所描绘的真实或想象的世界中，任何情节的元素都离不开周围客观现实的存在，情节的推动与发展也都必须与周围客观现实发生联系。因此事实内容信息同样也是文学语篇重要的信息类型之一。

事实内容信息一般来说应当是通过语词外显表达出来的，并且，反映事实内容信息的语言单位通常使用的是其固定下来的、最直接的、具有事物逻辑性的词典意义。最能详尽呈现事实内容信息的语篇构建方式是在超句子统一体中采用主位－述位的链式结构。超句体中的句子遵循从主位到述位的客观词序，前一句的述位成为后一句的主位，新知变为旧知，以此类推不断呈现对读者来说全新的信息。在这种结构模式下，信息以最大限度延展铺陈开。但在文学语篇中，出于作者谋篇布局的需要和个人艺术手法的体现，一般都不会选择链式模式来构建语篇，必定会出现信息叠加和语义空缺，这就为间接、隐晦地呈现事实内容信息提供了条件。信息叠加即信息以一种紧缩的方式呈现，也就是语义节省。原本应作为述位出现的新信息占据了主位位置，述位同样也是新的信息，此时作为语篇基础构建材料的单个句子的信息量显著增加。语义空缺可以体现为事件之间逻辑关系、事件发生过程、事件结果的省略，读者须根据上下文语境和社会生活经验来推测作者略而不表的内容。

（2）加利别林观点中的观念内容信息是作者对事实内容信息中所反映、描写的现象间关系的个人理解以及这些现象在人们社会、经济、文化生活中的意义。观念内容信息是具有美学－文学特征的信息，首先属于文学语篇的范畴。（Гальперин 2007：28）伊萨耶娃把加利别林的观念内容信息概念扩展为情态－评价信息（модально–оценочная информация）和情感－表情信息（эмоционально–экспрессивная информация）。（Исаева 1996：107）实际上，语篇中的评价语义成分一般都带有情感表达。心理学家认为“情感体现了主体对情景以及自身活动在该情景中的表现的评价态度”。（Давыдов 1983：411）因此，可将情态－评价信息和情感－表情信息合称为主观感情评价信息。

主观感情评价信息不总是明确体现出来的。根据伊萨耶娃的观点，文学语篇中的隐性主观感情评价信息可分为：“强势立场”（сильная позиция），即作者对于信息重要性的概念；情态－评价信息，即对所述内容正面或负面的态度；情感－表情信息，即作者或作者笔下人物的感受以及影响读者感受的意图；讽刺（因其专门的表达手段而从情态－评价信息中单独区分出来）。（Исаева 1996：112）

（3）文学语篇一般分为两个功能不同的基本语层：叙事人语层（包括叙事人语言、准直接引语、半直接引语、旁白）和人物语层（包括不同的人物语言）。（吕凡等 1988：232）文学语篇若用单数第一人称“я”叙述，则“я”未必是作者本人。通常，文学作品中的叙述人本身就是作家塑造的一个形象，作家隐藏在这个形象背后讲述故事。叙事人的讲述以独白为基础，其基本功能是交代故事发生的时间、地点、情节线索、人物的身份、外表、心理、行为等，同时还体现作家的态度。（吕凡等 1988：233）叙事人语层是客观事实隐含的主要存在范围，作者在塑造真实或虚构的世界时，出于修辞或艺术效果的需要将关于这个世界的信息铺陈以部分压缩、折叠的形式呈现。同时，叙事人语层也是主观感情评价隐含的重要存在范围。

人物语言是文学作品中人物角色所说的原话（包括内心语言），用直接引语形式呈现，体现了口头语言的组织规律和典型特点，同时也能反映该人物角色的身份、性格、思想感情、文化水平、社会地位等信息。关于文学语篇中的人物言语和日常口语的差异，什维多娃（Н.Ю. Шведова）认为：“作者向自己的作品中引入日常口语时，并不是机械地再现日常口语，追求如同照片那样的复刻，而是精心地、有针对性地对语言材料进行选择和加工，作者叙述和人物言语中的鲜活对话现象都各自经历了不同的改造和复杂的转化。”（Шведова 1960：24）在文学语篇中重现日常口语时，“作者可能会使表述达到一种带有口头和对话特点的印象和错觉，这种错觉主要是通过模仿日常口语的一些典型特征来达成的”。（Кожевникова 1965：82）维诺格拉多夫（В. В. Виноградов）指出，“文学作品中的口语是一种特殊的符号，而不全是言语材料 …… 文学作品中的口语是不发声的，它是书面形式的、文学性的，并且在文学口语中体现了它与口头言语或外显或暗含着的形式的相互关系”。（Виноградов 1963：17）

文学语篇中的人物语言以对话为主。对话是两个交际者轮流说话、在听话人和说话人角色之间互相转换、交流思想感情的言语交际过程，包含说话人、听话人和语境三个要素，其最重要特点之一是刺激话语和反应话语的相互交替。在不同的文学体裁中，如抒情作品、戏剧作品、散文作品等，人物对话具有各自的特征。

以散文作品为例，作者能够为读者构建一个十分完善的对话情景，既呈现了人物的言语行为，又描写了伴随这一言语行为的非言语现实。由此，对话片段可以区分为两个组成部分：人物言语层面（речевой план персонажей）和作者言语层面（речевой план автора）。前者是两个角色间的话轮，能够在读者的思维活动中投射自然言语活动中的对话交际。后者包括：引言，通常指明对话参与者、对话进行的时间和地点；情景说明，包括表示说话过程的动词、表示引起刺激话语和反应话语的人物角色的名词或代词；作者插笔，评论以及与对话内容相关的叙述与描写部分。

散文作品中的对话言语具有最小限度的句法复杂性，话语通常较为简短，对话结构也较为简单。在对话过程中，说话人物像日常生活中的言语交际者那样，用言语或非言语手段表达自己的思想、感情、愿望和要求等，既可能直接、明确地表达，也可能间接、隐晦地暗示；听话人物根据自己的理解、立场和交际策略做出反应，推动故事情节继续发展。因此，散文语篇的人物对话中同样体现了交际者或明或暗的交际意图，这是体现人物性格、社会地位、职业身份和认知水平等特征的重要棱镜，也是作者塑造不同人物形象所凭借的重要手段。

因此，笔者认为人物言语层面的交际隐含是文学作品语篇隐含的重要组成部分，并且可以将口语对话的含意研究理论引入来分析文学语篇中人物语言，尤其是人物对话语言的隐含意思。需要指出的是，笔者的研究仅针对狭义的“对话”概念。巴赫金（М.М. Бахтин）的哲学式对话概念——“绝对的独白是不存在的”（巴赫金 1998：195），一切文本都具有对话性（диалогичность），不在本书研究范围内。

（4）研究语篇隐含分类不仅要考虑语篇自身的语言学构成，还应当考虑语篇的语言外构成——客观存在的现实场景以及语篇接收者所归属的语言文化外部语境。语篇构建的社会文化条件是语篇意思内容方面的必要成素。从某种程度上来说，每个语篇都是它所归属的文化传统的体现。

作为科学术语的文化有多种阐释视角。在早期的文化研究中，英国人泰勒（Tylor）借鉴人类学家观点对文化所下的定义曾在学术界得到广泛引用：“文化或文明，就其广泛的民族意义来说，乃是包括知识、信仰、艺术、道德、法律、习俗和任何人作为一名社会成员而获得的能力和习惯在内的复杂整体。”（庄锡昌 1987：99）1980年版《苏联百科全书》从广义和狭义两方面诠释文化，广义文化用来表示一定历史时代或某一社会、部族、民族以及人类活动的独特范围特征，包括人类活动所创造的一切物质成果以及创造力和才智成果；狭义文化仅指人类的精神生活。（转引自赵爱国2006：29）洛特曼（Ю.М. Лотман）把文化看作“群体的非遗传性记忆（негенетическая память коллектива）”，是民族保存的先前经验。（Лотман 1994：8）作为民族记忆的文化是一个符号系统。（Воробьев 1997：13）此种视角下的文化指的是历史形成的民族价值观。

现代语言学分支语言文化学把语言作为一种文化现象来研究，关注语言与文化的相互关系。文化对语言产生的影响和作用是全方面的，首先是对语言符号系统的影响，体现为文化制约了语音、词汇、语法等语言要素的形成与发展；其次是对人的语言观念、语言思维与表达的影响，决定了用语言指称或反映事与物的方式；最后是对人的语言习得的影响。（赵爱国 2006：32）同样，文化对人类言语活动也有深刻的影响。在同一文化环境熏陶下的交际者在交流方式、言语礼节、表达习惯等方面有较多相似之处，形成某种“思维契约（мыслительная конвенция）”。归属不同文化群体的民族在跨文化言语交际中受到文化差异的深层次制约，可能导致信息误差和交际障碍的出现。

作为语言系统最高层级单位、言语产品和人类言语思维统一体的语篇，与文化有着密不可分的联系。语篇一方面反映了某一时期某个群体的文化现实，包括传统风俗、日常习惯、族群仪式、行为方式、象征、神话、定型、民族心智特征等，另一方面承载着人类文化的精神内容，不仅是作者个体精神的折射，还展现人类思维的发展、代际记忆的形成、从复杂生活情境中总结的经验教训和道德准则等。语篇自身也是文化的产物，保存了创作时刻语篇所属文化范围的印记。

文学语篇相较其他语篇更能细致体现某种文化中的民族特征。根据洛特曼的观点，文学语篇带有“文化记忆（культурная память）”（Лотман 1997：204），作者借由文学语篇参与不同文化间的对话，实现跨文化交流，了解其他民族的文化并融入世界文化中去。“文学语篇的真正目的是通过扩大语篇接收者对历史文化经验的理解及将其自身经验与文化领域的全人类经验相结合，来间接发展语篇接收者的语言个性。”（Фазылзянова 2009：21）

文学语篇的作者有更大自由和空间积极使用各种修辞格手段，如修饰语、明喻、隐喻、新词、重复、文字游戏、讽刺、方言词语等。（Межова 2014：106）文学语篇中的文化信息可以分为两大类，一类是“由语言描绘的文化（культура, описываемая языком）”，即语篇的言语表述所呈现的文化现象，如风俗、习惯、礼仪、礼节等；另一类是“语言中的文化（культура в языке）”，即“特殊的语言世界图景”（Кузнецова 2007：43）。文学语篇中的文化信息通过不同层级的表达手段来呈现。由于语言的称名手段是最直接与语言外现实相联系的，因此语篇中反映文化信息的首先是词汇单位，尤其是在一种文化中反映该文化的区别性特征，而在另一种文化中无对应单位的词汇。能体现民族文化语义特征的还有格言，包括谚语、俗语、流行语、口号、标语等。文化信息同样还存在于成语性结构中，后者是反映民族自我意识的一面镜子，也可以存在于一些特定的构词模式、句法结构以及专门的文学概念中。当然，文学语篇中的文化内容也可以通过间接、隐晦的方式来呈现。作者在某种文化的影响下形成了个性化的言语习惯、思维方式、行为方式，他对隐性表达方式的选择是对情景进行评价和判断的结果以及对语言手段带有个人偏好的选择。最为常见的文化信息隐含手段是文化预设。

综上所述，结合文学语篇言语组织特点和内容类型，笔者把文学作品中的语篇隐含划分为四种：客观事实隐含、主观感情评价隐含、交际隐含和文化隐含。

3.4.2 客观事实隐含

对现实或非现实世界里正在发生、已经发生或将要发生的事实、事件、过程进行报道是语篇的基本功能。一般情况下，这种类型的内容直接呈现给语篇接收者。比如，新闻报道讲究实事求是、准确、具体地说明事件发生的时间、地点、参与者、主要内容等，以直截了当的方式达到使接收者立刻理解的效果。而文学语篇的作者为了追求艺术表达效果，避免采用平铺直叙的手法呈现所有内容细节。对现实或非现实世界的报道属于客观性事实内容，不包含作者个人对事实内容所描写现象的理解和态度。我们将没有直接表达出来的客观性事实内容称为客观事实隐含。

客观事实隐含的间接性一方面体现为信息的折叠和压缩，通过提高单个句子的信息量，把原本由多个句子表述的内容合并到一个句子中，以实现表达层面的精简和内容层面的扩展；另一方面体现为跳跃性的表述和语义空缺，将事物和现象间的联系通过暗示的方法来呈现。文学语篇中的客观事实隐含主要分为以下情形：

3.4.2.1 语义隐含

语义隐含通常呈现的是人物、事物、行为、事件的静态背景信息，从词句的表层语义内容中获取。比如，某地有某物，某物属于某人，某人处于某地，某事发生于某时和某地。这类隐含信息多出现于描写和叙述中。例如，在小说《万卡》中，万卡在信中乞求爷爷带他离开并承诺照顾爷爷、为他祈祷，而后话头一转写道：

(1) ***А Москва город большой***. *Дома всё господские и лошадей много, а овец нету и собаки не злые. Со звездой тут ребята не ходят и на клирос петь никого не пущают, ... («Ванька» Чехов, 1886)*

莫斯科是个大城。房屋全是老爷们的。马倒是有很多，羊却没有，狗也不凶。这儿的孩子不举着星星走来走去，唱诗班也不准人随便参加唱歌。(《万卡》，汝龙译)

从前文内容中读者只知道万卡三个月前被送到鞋匠铺子里做学徒，并不知道他具体生活的地方。万卡在信中对莫斯科生活见闻的描写补充了事件发生的地点信息：万卡在位于莫斯科的鞋匠铺子里给爷爷写信。“*А Москва город большой.*”把“*Ванька живут в Москве*”和“*Москва—большой город*”两句内容合为一句，一方面是因为故事情节里爷爷必然知晓万卡在哪里生活，无须再次告知，另一方面是出于作者避免表述累赘的需要。再例如：

(2) *Пробило двенадцать. Федор Степаныч накинул на себя шубу и вышел на двор. Его охватило сыростью ночи... Дул сырой, холодный ветер, с темного неба моросил мелкий дождь. Федор Степаныч перешагнул через полуразрушенный забор и тихо пошел вдоль по улице.* ***А***

улица широкая, что твоя площадь; редки в Европейской России такие улицы. *Ни освещения, ни тротуаров... даже намеков нет на эту роскошь.* *(«Вор» Чехов, 1883)*

时钟敲了十二下。费多尔·斯捷潘内奇穿上皮大衣，走到外面去。夜晚的潮湿立刻把他包围了。…… 潮湿的冷风刮过来，黑暗的天空落下蒙蒙细雨。费多尔·斯捷潘内奇跨过半坍的篱栅，沿着街道缓缓走去。街道挺宽，不下于广场，在欧洲的俄罗斯，这样的街道是少有的。既没有路灯，也没有林荫道 …… 这种奢华的设备连影踪都没有。(《盗窃犯》，汝龙译)

小说《盗窃犯》开头前五句的描写中，读者能获得关于人物、时间、处所的背景信息为：午夜时分，费多尔·斯捷潘内奇，天气阴冷潮湿，破败的街道。第六句"*А улица широкая, что твоя площадь; редки в Европейской России такие улицы.*"言明此处不是欧洲的俄罗斯，暗示费多尔现在身在发配流放地西伯利亚，补充了事件发生的具体地点。

语义隐含可以用于补充人物年龄、性格、生活轨迹、成长背景等信息。例如：

(3) *Архитектор, статский советник Узелков, приехал в свой родной город, куда он был вызван для реставрации кладбищенской церкви.* ***В этом городе он родился, учился, вырос и женился,*** *но, вылезши из вагона, он едва узнал его. Все изменилось ...* ***Восемнадцать лет тому назад, когда он переселился в Питер****, на том, например, месте, где теперь стоит вокзал, мальчуганы ловили сусликов; теперь при въезде на главную улицу высится четырехэтажная «Вена с номерами», тогда же тут тянулся безобразный серый забор. («Старость» Чехов, 1885)*

五等文官建筑师乌节尔科夫到达了他故乡的城里。他受聘到这儿来修复墓园的教堂。他原是在这个城里出生、读书、长大、结婚的，可是临到他下火车，却几乎不认得它了。一切都变了样子。…… 比方说，十八年前他搬到彼得堡去的时候，现在火车站的所在地，原是男孩们捉黄鼠的地方。如今大街路口上矗立着四层楼的"维也纳旅馆"，那时候这儿却只伸展着一道难看的灰色围墙。(《老年》，汝龙译)

主人公乌节尔科夫出场后，作者只交待了他的官职等级，并没有年龄、身高、外貌、性格等方面的描写。但作者描述乌节尔科夫在故乡生活到结了婚，从"十八年前他搬到彼得堡去的时候"以及小说后文里帮乌节尔科夫打离婚官司的沙普金说的话"*... А помните, как вы с вашей супругой разводились? Уж почти двадцать лет прошло и, небось, вы всё забыли, а я помню, словно вчера разводил вас.*"（您还记得您是怎样跟您太太离婚的吗？事情几乎已经过去二十年，恐怕您已经完全忘记了，可是我都记得，就像昨天才给你们办离婚手续似的。）里可以推测出乌节尔科夫现在是四五十岁的中年男人。作者的这种安排，使一开始模糊不清的人物形象随着情节的推进而逐渐立体。再例如：

(4) ***Говорили, что на набережной появилось новое лицо: дама с собачкой. Дмитрий Дмитрич Гуров, проживший в Ялте уже две недели и привыкший тут, тоже стал интересоваться новыми лицами.*** *Сидя в павильоне у Верне, он видел, как по набережной прошла молодая дама, невысокого роста блондинка, в берете; за нею бежал белый шпиц. («Дама с собачкой» Чехов, 1899)*

据说在堤岸上出现了一个新人：一个带小狗的女人。德米特利·德米特利奇·古罗夫已经在雅尔塔生活了两个星期，对这个地方已经熟悉，也开始对新人发生兴趣了。他坐在韦尔奈的售货亭里，看见堤岸上有一个年轻的金发女人在走动，她身材不高，戴一顶贝雷帽；有一条白毛的狮子狗跟在她后面跑。(《带小狗的女人》，汝龙译)

在小说《带小狗的女人》的第一段中，作者用两句话勾勒出两位主人公的生活轨迹：德米特利不是雅尔塔本地人，平时也不在雅尔塔生活和工作，他来雅尔塔是为了度假，他之前并没有来过雅尔塔；带小狗的女人同样是初次来雅尔塔度假的外地人。

3.4.2.2 逻辑隐含

逻辑隐含反映事件过程的动态发展信息。文学作品因讲究审美性和艺术性，对事件动态发展过程的叙述往往不会遵循起因、发展、高潮、结尾的顺序，读者在跳跃的已知信息中通过基本的逻辑推理将事件的来龙去脉补充完整。例如：

(5) —... *Господи, сколько я крови тогда испортил! Парень я был ловкий, казуист, крючок, отчаянная голова... А покойница супруга ваша, Софья Михайловна, была хоть и из купеческого дома, но гордая, самолюбивая.* ***Подкупить ее, чтоб она на себя вину приняла, было трудно... ужасно трудно!***... (*«Старость»* Чехов, 1885)

"…… 上帝啊，那时候我费过多少心血！当时我是个狡猾的家伙，强词夺理，故意刁难，坏透了 …… 您那位现在已经去世的太太索菲亚·米海洛芙娜，虽说出身于商人家庭，却性情高傲，自尊心强。要收买她，让她把罪名揽在自己身上，是困难的 …… 困难极了！ …… "(《老年》，汝龙译)

作者用"狡猾""强词夺理""故意刁难"来描述律师沙普金的卑劣为人，用"性情高傲""自尊心强"来描述主人公已故妻子索菲亚的清高性格，从"要收买她，让她把罪名揽在自己身上"这句话间接透露出主人公与妻子离婚的原因在于主人公自己。虽然整篇小说都没有交代主人公到底出于什么原因离婚，但读者不难猜到，肯定并非什么正直的理由，并且主人公试图自私地让妻子充当离婚的罪魁祸首。再例如：

(6) *И стали мы судить и рядить: кого взять в кассиры? Кто не мерзавец? Кто не вор? Выбор наш пал на Ивана Петровича,*

помощника бухгалтера: тихоня, богомольный и живет по-свински, не комфортабельно. Мы его выбрали, благословили на борьбу с искушениями и успокоились, но… не надолго!

На другой же день Иван Петрович явился в новом галстухе. На третий он приехал в правление на извозчике, чего раньше с ним никогда не было. *(«Единственное средство» Чехов, 1883)*

我们再三斟酌：该找谁来做现金管理员呢？谁不是坏人呢？谁不是贼呢？我们的选择落在副会计员伊凡·彼得罗维奇身上了。那个人倒安分守己，笃信宗教，生活马马虎虎，不讲究舒适。我们选中他，祝福他顶住各种诱惑，然后就放了心，可是……好景不长！

第二天，伊凡·彼得罗维奇系着新领结来了。第三天他坐着出租马车到管理处来上班了，以前他可是从来也不坐马车的。(《唯一的方法》，汝龙译)

从上任第二天、第三天伊凡的反常表现可以得知，这位看起来“安分守己，笃信宗教，生活马马虎虎，不讲究舒适”的新任现金管理员也没有逃脱金钱的诱惑，开始监守自盗。作者不直言伊凡盗取现金，而只讲述伊凡生活发生的改变来暗示他也开始挪用公款，带来一种戏剧性的讽刺效果。

3.4.2.3 因果关系隐含

在事件前因后果的联系中，作者可能隐去原因或隐去结果，带来不言而喻的叙述效果。隐去结果的方式多为隐去基于逻辑蕴涵关系推导出来的后项。例如：

(7) *Ванька свернул вчетверо исписанный лист и* ***вложил его в конверт, купленный накануне за копейку****… Подумав немного, он умакнул перо и написал адрес:*

На деревню дедушке.

Потом почесался, подумал и прибавил: «Константину Макарычу». Довольный тем, что ему не помешали писать, он надел шапку и, не набрасывая на себя шубейки, ***прямо в рубахе выбежал на улицу****... («Ванька» Чехов, 1886)*

万卡把这张写好的纸叠成四折，把它放在昨天晚上花一个戈比买来的信封里。……他略微想一想，用钢笔蘸一下墨水，写下地址：

寄交乡下祖父收

然后他搔一下头皮，再想一想，添了几个字：康斯坦丁·玛卡雷奇。他写完信而没有人来打扰，心里感到满意，就戴上帽子，顾不上披皮袄，只穿着衬衫就跑到街上去了……（《万卡》，汝龙译）

小说以万卡寄完信在睡梦中看见爷爷读信的画面结尾，但“把它放在昨天晚上花一个戈比买来的信封里”“只穿着衬衫就跑到街上去了”意味着万卡没有贴邮票，“写下地址：寄交乡下祖父收”意味着万卡没有写明爷爷的居住地址，所以信不会被成功送到的结果不言而喻。而结尾万卡梦中不可能实现的爷爷看信的温馨画面引起了读者对万卡不幸命运的同情。作者这里省去的内容相当于“*Если не наклеить марку и не написать конкретный адрес, то письмо не может быть доставлено.*”中*то*所连接的后项。

同样，作者也可以隐去事件的原因，只透露结果，由读者倒推出缘由，例如：

(8) *Было время, когда кассиры грабили и наше Общество. Страшно вспомнить! Они не обкрадывали, а буквально вылизывали нашу бедную кассу. Нутро нашей кассы было обито зеленым бархатом – и бархат украли. А один так увлекся, что вместе с деньгами утащил замок и крышку.* ***За последние пять лет у нас перебывало девять кассиров, и все девять шлют нам теперь в большие праздники из Красноярска свои визитные***

карточки. Все девять! *(«Единственное средство» Чехов, 1883)*

从前有个时期，我们的现金管理员把我们银行搜刮一空。想起来就心惊肉跳！他们不是把我们可怜的钱柜偷光，简直是把它舔得一干二净。我们钱柜的内壁蒙着绿色丝绒，可是就连这层丝绒也给偷掉了。有一个现金管理员偷得特别起劲，不但把钱取走，就连铁锁和盖子也连带拿走了。**最近五年以来，我们这儿前后用过九个现金管理员，如今每到大节期，所有那九个人都从克拉斯诺亚斯克给我们寄名片来。九个人都寄！**（《唯一的方法》，汝龙译）

故事讲述者所在的银行近五年里先后用过九个现金管理员，说明管理员贪腐现象之普遍。Красноярск是西伯利亚著名的流放地，这九人逢年过节会从Красноярск寄来名片只是结果，暗含的原因是他们因监守自盗被判流放至西伯利亚。

3.4.3 主观感情评价隐含

学者华劭在他的语义模块理论中划分出了表情模块（э）和评价模块（о）（华劭 2007b：127），在很多学者看来，对事物、特征的情绪态度和评价是无法分开的，因此通常把两者合称为感情评价。

评价是情态性的一种，叠加在语言表达的描述性内容上。其公式为A r B，其中A为评价主体（外显的或隐含的），是给出评价的人或社会语言集团；B为评价客体，是被评价的人、物、事或状态；r为评价关系，具有表情性、感性/理性、情感性的特点。在评价的情态框架中还包含评价标尺和定型。（Вольф 2014：12）例如：“*Какой замечательный актер!*”对于受话人来说，句中的评价态度能够被理解是因为对话者脑中存在着共通的概念：什么样的演员能够被称得上是卓越的。

评价结构本身既有显性成分，也有隐性成分。比如，评价客体一般是外显表达的；绝对评价[1]中的评价标尺和定型永远都存在于说话人的意识中，没有直接的语言表达；评价主体有时是明确指出的，但更多时候是根据评价句式和上下文假定出来的。例如，“*Он казался старше своих лет.*”中的评价主体可以认为是潜在的“общее мнение”。因此，在评价情态框架中可以划分出三种类型成分：（通常情况下的）外显成分（评价客体）、隐性成分（评价标尺、评价定型、评价视角）和既可显性表达也可隐性呈现的成分（评价主体、价值谓词、评价理据）。隐藏的评价主体和评价定型对于分析评价表达在文学语篇中的作用很重要。（Вольф 2014：47）

语篇中的评价往往并不完全基于事物特征进行相对理性的客观分析，更多是基于情感产生一定的态度，通过语言棱镜观察“世界图景”所得到，这种评价与评价主体的情绪共存。语篇中的情感态度是语篇创作者在陈述、描写、议论人物、事件、现象时对其产生的情绪和态度。它是一种感情色彩，不是由“爱、恨、喜欢、讨厌”这类表示感情的独立词语直接称谓的感情。这类感情色彩的表达可以较为隐晦，同时也能从侧面反映出语篇创作者自身的道德标准、审美观点和价值取向。情绪本身的类别很难明确界定，因为可能出现几种情绪交织在一起或程度、性质发生改变的情况，但接收者能大致上感知到哪些语词和句式附带着什么情绪。

因此，笔者认同将情绪态度和评价合称为感情评价。语篇中的感情评价可以是外显表达的，也可以是隐性呈现的。因其是主观性的、能够体现出个人和民族特点的，所以很难找到在各种语言中通用的划分情感评价类别的标准。（华劭 2007b：131）但感情评价的角度会有重合，比如感觉方面的评价、心理方面的评价、事物符合或不符合规范的评价、审美方面的评价、道德方面的评价、价值观念方面的评价、功能方面的评价、目的方

---

① 传统评价理论划分出绝对评价（абсолютная оценка）和比较评价（сравнительная оценка）。前者只针对一个评价客体，后者至少针对两个评价客体或同一个评价客体的至少两种状态。

面的评价等。例如：

(1) *На сытой, лоснящейся* ***физиономии*** *милостивого государя была написана смертельнейшая скука. Он только что вышел из объятий послеобеденного Морфея и не знал, что ему делать. Не хотелось ни думать, ни зевать... («Баран и барышня» Чехов, 1883)*

老爷饱足而发亮的脸庞上流露出难受得要命的烦闷神情。他刚从摩耳甫斯午后的怀抱里挣脱出来，不知该做什么好。他既不愿意想心思，又不愿意闲坐着打哈欠。

小说《公羊与小姐》讲述了一个百无聊赖的官员老爷因满足自己打发时间的需求使得走错门的姑娘失去了寻求帮助机会的故事。小说开头第一句作者就用“*сытая, лоснящаяся физиономия*”刻画出了一个脑满肠肥的老爷形象，作者选用了“*физиономия*”（嘴脸，略带蔑视和嘲讽）而不是“*лицо*”（脸），体现了作者对老爷的嘲讽态度。当年轻的姑娘误入老爷家表明想得到一张回家乡火车票的请求时，他明知姑娘找错了人，为了排遣烦闷却没有说出实情，还让姑娘聊了许多无关紧要的事。一直到小说结尾处，当姑娘再次提起关于火车票的求助时，老爷才笑着告诉她找错了人，嘻嘻哈哈、毫无歉意的语气侧面反映出老爷内心的冷酷无情，毫不关心他人的难题能否解决：

(2) - *Билет? Гм... У меня нет билетов! Вы, должно быть, ошиблись, сударыня...* ***Хе, хе, хе****... Вы не туда попали, не на тот подъезд... Рядом со мной, подлинно, живет какой-то железнодорожник, а я в банке служу-с! Егор, вели заложить! Прощайте, ma chère Марья Семеновна!* ***Очень рад... рад очень...***

*Барышня оделась и вышла... У другого подъезда ей сказали, что он уехал в половине восьмого в Москву. («****Баран*** *и барышня» Чехов, 1883)*

“火车票？嗯……我没有火车票！您大概弄错了，小姐……嘻嘻嘻…… 您找错地方，走错了门 …… 我隔壁那所房子里倒确实住着个在铁路上工作的人，我在银行里工作，小姐！叶果尔，吩咐套车！再见，我亲爱的玛丽雅·谢敏诺芙娜！我很高兴 …… 高兴得很 ……”

小姐穿上外衣，走出去了。…… 在隔壁人家门口，开门的人告诉她说：他已经在七点半钟坐火车到莫斯科去了。(《公羊与小姐》，汝龙译)

整篇小说的讽刺意味较浓，批判了官员老爷对普通人困境的冷漠和无动于衷。作者以第三人称讲述故事，没有在故事中插话发出感叹，没有直接流露自己对人物性格和行为的评价，但刻画人物形象时选用的词语能够间接反映作者的批判态度。更值得注意的是小说的两个标题，主标题«*Баран и барышня*»用“*баран*”（公羊）指代全文中没有出现过姓名的老爷，把公羊与固执、冷漠的老爷形象联系在一起，间接表达了作者对人物的道德评价：这是一个漠不关心、冷酷心肠的人。副标题«*Эпизодик из жизни "Милостивых государей"*»（“老爷们”生活中的小插曲）中尽管使用了尊称“阁下”，但用*милостивый*与老爷不仁慈、不厚道的言行形成强烈对照，达到了反讽的效果。

3.4.4 交际隐含

文学语篇中的交际隐含所隐去的内容是与字面意思无关的、规约性程度不同的意向性意思，主要出现在语篇的人物对话部分。交际隐含的推导依据语言知识和语言外知识。前者包括词汇及语法结构的知识。后者包括伴随言语交际手段、非语言交际手段、交际场景、交际者间的相互了解、社会交际原则（显性的和隐性的）、文化背景知识等。(许汉成 2006：206）

规约化程度较高的隐含，即规约性含意（конвенциональные импликатуры），其意思与言语表述本身的词、惯用语和语法结构密切相关，推导难度不大，且在长期的言语实践中，一些表述逐步形成了相对确定的意向含意。规约化程度较低的隐含，即非规约性含意（неконвенциональные импликатуры），它的解读带有临时性、特殊性、情景性，更依赖语言外知识，决定性因素是语境，推导难度较大，容易导致曲解，但同时提升了创造性和修辞性效果。

言语交际行为通常可以表达两种意向性意思：信息意向和交际意向。（许汉成 2006：246）信息意向仅以传递信息为目的，交际意向即“以言行事”，通常带有驱动性目的，促使听话人按说话人的意愿去完成什么事情，或者说话者需要实现自己的某种目的。这样，我们可以把文学语篇中的交际隐含分为三种情况：

3.4.4.1 信息性隐含

信息性隐含是说话人在与听话人交际过程中不带有任何驱动性目的、仅间接传达的指称意义及客观性和主观性的内容。隐性指称意义是称名单位与客观事物之间的潜在联系，通常体现为隐喻、借喻、提喻、委婉语等现象。（许汉成2006：252）隐性客观内容是语句的语义常体，也就是命题内容。隐性主观性内容不仅表达说话人的主观感情–评价意思，还间接体现说话人头脑中的潜在价值观念以及对人物和事件的肯定与否定态度、对事件的确定性与非确定性以及可能性与必然性的认识等。例如：

(1) *Проглотив первую ложку, Жилин вдруг морщится и перестает есть.*

– Черт знает что... – бормочет он. – ***Придется, должно быть, в трактире обедать.***

– А что? – тревожится жена. – Разве суп не хорош? («Отец семейства» Чехов,1885)

席林喝完头一匙汤，忽然皱起眉头，停住嘴不喝了。

“鬼才知道这是什么东西……”他嘟哝说，“大概，只好到饭馆里去吃饭了。”

“怎么了?”他妻子不安地问，“难道菜汤不好喝吗?”(《家长》，汝龙译)

《家长》中的一家之主席林是一个脾气暴躁、喜欢酗酒打牌的地主，每当喝多了酒胃痛或者打牌输了大笔钱就对家里的用人、妻子、儿子和家庭女教师百般挑剔、恶语相向，并且通常都是从抱怨家里的菜汤开始。他说该去饭馆吃饭并非出于要给别人留有颜面而做出的间接负面评价，而是特意阴阳怪气挖苦用人的。妻子听出了席林话中带刺，询问他是否汤不合胃口，他就毫不掩饰地大加嘲讽了：“*Не знаю, какой нужно иметь свинский вкус, чтобы есть эту бурду! Пересолен, тряпкой воняет... клопы какие-то вместо лука...*”（除非跟猪一样的胃口才能吃得下这样的猪食！放那么多的盐，闻起来就像脏抹布 …… 也没有葱味，反而更像是臭虫的味道 …… ）这段尖酸刻薄的言语不仅针对厨房用人，同时也捎带上了与他同桌用餐的家人、家庭女教师和前来做客的产婆，谁要是吃了菜汤就是“猪一样的胃口”。席林发泄完之后发现大家面前的菜汤一动没动，因为其他人都听出了话里的嘲讽。

3.4.4.2 策略性隐含

策略性隐含带有强烈的驱动性目的，以听话人为驱动对象。比如说出自己的期盼、愿望或困境、麻烦，目的是获得别人的帮助。这类隐含符合塞尔间接言语行为理论中指出的说话人说出某一语句的字面意思与其真正用意“在许多方面不同”，同时又能够“以言行事”的现象。例如：

(2) *– Братец, – тихо спросила матушка, – а сколько стоит поехать за границу?*

– По меньшей мере три тысячи... – ответил плачущим голосом дядя. – ***Я бы поехал, а где их взять? У меня ни копейки!*** *Пф... изжога! («Тайный советник» Чехов, 1886)*

“弟弟，”母亲轻声问道，“出国一趟要用多少钱?”

“至少也要三千呦……”舅舅带着哭音说，“我倒想出国，可是上哪儿去找钱呢？我身上一文钱也没有！哎哟……胃气痛啊!”（《枢密顾问官》，汝龙译）

《枢密顾问官》中“我”的舅舅伊凡在彼得堡任枢密顾问官，他写信告知姐姐将来她家中疗养。母亲为十五年不见的高官弟弟即将到来而激动万分，嘱咐“我”要博得舅舅的欢心，希望靠舅舅说情进入中等武备学校。然而事与愿违，舅舅不仅丝毫不关心外甥，还惹得家宅不宁。当母亲询问起出国疗养的费用，舅舅身为高官，自然不好向姐姐开口要钱，于是直言自己身无分文，目的是将自己的问题抛给姐姐来解决。最终，不堪其扰的母亲决定资助弟弟出国疗养：“*Матушка долго глядела на икону, что-то раздумывая, потом заплакала и сказала: — Я, братец, дам вам три тысячи…*”（母亲久久地瞅着圣像，心里盘算着什么，后来她哭起来，说：“我，弟弟，给您三千好了……”）

3.4.4.3 礼貌性隐含

礼貌性隐含是指说话人出于遵循言语交际礼节、顾全面子以及调节自己与听话人关系的需求，委婉拒绝别人的邀请、否定别人的观点、提出某种建议、语气温和的警告等。利奇提出在言语交际中应遵循礼貌原则的六条准则：减少表达有损于他人观点的策略准则；减少表达利己观点的慷慨准则；减少对他人贬损的赞美准则；减少对自己表扬的谦逊准则；减少自己与别人观点相悖的一致准则；减少自己与他人感情对立的同情准则。礼貌原则的核心思想是尽量减少不利于对方的行为，尽量增加有利于对方的行为。（许汉成 2006：103–104）例如：

(3) *– Вы из какой губернии?*

– Я? Дальняя… Из Черниговской.

– Хорошая губерния. Там хорошо.

– ***Там хорошо, где нас нет.***

«Жаль, что я не умею природу описывать, – подумал Васильев. – Можно было бы тронуть ее описаниями черниговской природы. Небось, ведь любит, коли родилась там». («Припадок» Чехов, *1888)*

“您是哪儿人？”

“我？远得很……切尔尼戈夫省人。”

“好地方。那地方好得很。”

“不管什么地方，只要我们不在那儿，就会觉得它好。”

“可惜我不会形容大自然，”瓦西里耶夫想，“要是我会形容一下切尔尼戈夫的风景，就说不定会打动她的心。没问题，那地方既是她的家乡，她一定爱那地方。”（《精神错乱》，汝龙译）

小说《精神错乱》的主人公法律系学生瓦西里耶夫是一个“善于在自己灵魂里体会别人痛苦”的人，他被朋友带往红灯区消遣，与饮酒作乐的朋友们不同，他对妓女的处境抱有极大的同情，试图从泥潭里搭救那些“堕落的”妇女。他与一个黑发女人攀谈起来，想通过赞美她的家乡来拉近关系进而规劝她离开妓院。显然，黑发女人对自己的家乡并不抱有怀念和热情，出于对客人的礼貌，她没有直接否定瓦西里耶夫的恭维，委婉地说人们总觉得自己家乡之外的地方是美好的，以此减轻自己与瓦西里耶夫观点发生分歧的程度。再例如：

(4) *Наталья Гавриловна покраснела.*

– ***Есть люди****... – сказала она и остановилась; она сделала над собой усилие, чтобы казаться равнодушной, но не выдержала и посмотрела мне в глаза с ненавистью, которая мне была так знакома. – Есть люди, – сказала она, – для которых голод и человеческое горе существуют только для того, чтобы можно было срывать на них свой дурной, ничтожный характер.*

Я смутился и пожал плечами. («Жена» Чехов, 1892)

娜达丽雅·加甫利洛芙娜脸红了。

“有这样一些人……”她说，可又住了口；她极力按捺自己，装得全不在意，可又忍耐不住，用一种我十分熟悉的憎恨神情直视着我。“有这样一些人，”她说，“饥饿和人间的痛苦之所以存在，对他们来说，只是给他们一个机会，好让他们向这些受苦的人发泄一通自己那恶劣和无聊的脾气罢了。”

我心慌了，耸了耸肩膀。(《妻子》，汝龙译)

小说《妻子》的主人公地主巴维尔·安德烈耶维奇因在饥荒时节里被人偷去二十袋黑麦而先后给省长、检察官、警察局、法院侦讯官打电报，“闹得天下大乱”。妻子娜达丽雅·加甫利洛芙娜对丈夫一边对为了活命偷盗黑麦的村民毫无同情，一边又组织地主捐款救济灾民的行为嗤之以鼻，但当着客人伊凡·伊凡内奇的面，她不好直接抨击丈夫的虚荣行径。为给丈夫留有颜面，她使用了泛指的方式，试图缓和自己的语气，减轻对丈夫的贬损。

3.4.5 文化隐含

文学语篇中的文化隐含具有鲜明的民族性，与某一民族的历史、地理、社会风俗、宗教信仰息息相关，呈现了该民族的性格特征和思维方式。文化隐含一方面可以通过词汇文化伴随意义在联想基础上建立与民族文化因素相关联的词的附加意义来体现。此时的文化隐含多为规约性隐含，由静态文化关联（культурная связанность）所产生，与词汇意义的联想成分密切相关，不依赖于语境，多涉及隐喻、换喻、象征等手段。例如：

(1) *Она вздохнула и помолчала.*

— Это грубость нравов, Павел Андреич, — сказала она. — Вы

образованны и воспитаны, но в сущности какой вы еще... ***скиф****! Это оттого, что вы ведете замкнутую, ненавистническую жизнь, ни с кем не видаетесь и не читаете ничего, кроме ваших инженерных книг. А ведь есть хорошие люди, хорошие книги! Да... Но я утомилась и мне тяжело говорить. Спать надо. («Жена» Чехов, 1892)*

她叹口气，沉默一会儿。

“这是性情粗鲁，巴维尔·安德烈伊奇，”她说，“您受过教育，有教养，可是实际上您还是个……西徐亚人！这是因为您过的是闭塞的、充满憎恨的生活，什么人也看不见，而且除了工程书以外，您什么书也不看。可是，好人有的是，好书有的是！是的。……不过我累了，说话吃力了。我得睡觉了。”（《妻子》，汝龙译）

小说《妻子》中主人公巴维尔·安德烈耶维奇与妻子娜达丽雅·加甫利洛芙娜因组织捐款赈济饥民的事而产生分歧与冲突。“скиф”原意为西徐亚人，又译为斯基泰人、西古提人等，是公元前8世纪至公元前3世纪中亚和南俄草原上印欧语系东伊朗语族的游牧民族，该族群具有游荡的战士属性。“скиф”相对固定的文化联想是野蛮、好斗的人，文中属于借喻手法。主人公的妻子用西徐亚人来比喻丈夫的“野蛮”，以此表达对丈夫横加干涉行为的强烈不满和批评。

词汇文化伴随意义是在联想的基础上建立起的与民族文化因素相关联的词的附加意义，是词汇伴随意义的重要组成部分，同时也具有感情评价色彩。（吴国华 1996）上文例子中的这种静态文化关联所体现的词汇文化伴随意义为同一民族语言群体所普遍接受，持该民族语言的人一般通过调动本民族文化百科知识储备来理解词汇中隐含的文化信息。

另一方面，文化隐含可以不直接通过语词引发联想，而通过话语塑造的语境以语用预设的方式呈现，更具体地说，通过文化预设（культурная пресуппозиция）来实现。人们复杂生活场景中的各个情景要素之间存在紧密的联系，这些联系存储于某一文化群体每位个体的头脑中，通过情景要素中的一两项就能唤起读者或听者对相应文化背景所有要素的联想。例如：

(2) *Был Новый год. Я вышел в переднюю.*

Там, кроме швейцара, стояло еще несколько наших: Иван Иваныч, Петр Кузьмич, Егор Сидорыч... ***Все пришли расписаться на листе, который величаво возлегал на столе.*** *(Бумага, впрочем, была из дешевых, № 8.) («Пережитое» Чехов, 1882)*

那天是新年。我走进前厅。

那儿除看门人外，还站着我们衙门里的几个人：伊凡·伊凡内奇、彼得·库兹米奇、叶果儿·西多雷奇。……大家到这儿来，都是要在庄严地铺在桌子上的一张纸上签名（不过那张纸是价钱便宜的八号纸）。(《感受》，汝龙译）

《感受》讲述了一件主人公与衙门同事在上司家前厅里发生的小插曲。故事开头讲到主人公与几个同事前来上司家的目的是签名。在沙俄时代，下级官员去上司家拜年时不必面见上司本人，只需在上司家门口的纸上留下签名即可。作者在讲故事时无须把这样的社会习俗特地说明，只简单提及访客在纸上签名就可以引起熟悉沙俄时代风俗文化的读者对这一习惯性做法的联想。再如：

(3) *У Захара Кузьмича Дядечкина вечер.* ***Встречают Новый год и поздравляют с днем ангела хозяйку Меланью Тихоновну.*** *(«Мошенники поневоле» Чехов, 1883)*

扎哈尔·库兹米奇·佳杰奇金的家里正举行晚会。大家在迎接新年，同时庆祝女主人玛拉尼雅·季洪诺夫娜的命名日。(《不得已而为之的骗子》，汝龙译）

故事的第一段话点明事件发生在新年前夜，同时女主人即将迎来命名日。通过这样的背景介绍，读者在“*Новый год*”以及“*День ангела*”字眼的启发下，脑海中可以出现一系列与俄罗斯人过新年和命名日相关的情景要素，如亲朋相聚、香槟、新年守夜等等。后文中佳杰奇金因为想要喝点酒于是催促妻子在离十二点还有好一会儿时就上冷荤菜：“*- Малаша, - говорит Дядечкин. - Закуску бы подать. Гостям закусить бы...*”（“玛拉霞，”佳杰奇金说，“该把冷荤菜端出去了。要让客人们吃点东西才好……”），这个情节可以引发读者对俄罗斯人饮食传统的联想。俄罗斯人的年夜饭尤为丰盛，包括各式冷荤前菜、热菜、甜点等。并且年夜饭的传统是十二点喝过香槟之后开席，这也就促使佳杰奇金和大儿子格利沙为了早点喝到酒轮番去把钟表时针拨快一些。在新年钟声敲响之际，大家会齐声高呼“乌拉”相互祝贺，小儿子柯里亚为让喊“乌拉”的时刻快点到来、客人柯巴依斯基为了能早点在大家喊“乌拉”时亲吻卡佳，也各自拨快了时针。所有这些人物的行为都有相同的文化背景动因，小说中俄罗斯人新年宴饮的传统习俗以文化预设形式存在，通过一些关键词“新年”“冷荤菜”“乌拉”“酒”引起读者对完整情景要素的联想。

文学语篇中的文化预设能否现实化受到交际者认知语境的影响，认知语境主要由语言使用所涉及的“情景知识、语言上下文知识、背景知识和集体意识”四部分构成。（熊学亮 2000：116–117）有共同文化背景的人，从共同的民族文化遗产中继承了大致相同的经验、观念和信仰等，从而形成相同的思维定型和行为定型。这种由文化传统构成的思维定型和行为定型，是人们从事一切行为的社会共识或集体意识在一定条件下合乎逻辑和目的的体现。（赵爱国 2006：204）这也就是为什么小说《不得已而为之的骗子》中几个人物为了各不相同的目的同样选择去拨快时钟，在他们的意识中，只有十二点的钟声敲响他们才可以尽快完成自己想做的事。对于小说的读者来说，如果是俄罗斯人或者熟悉俄罗斯文化的外国人，则无须作者对新年传统刻意说明就能够正确接收到文化信息的隐含。

3.5 本章小结

本章从语篇隐含的载体——语篇入手，在传统观点把语篇看作最高层级语言单位以及言语交际产品的基础上，将语篇视为人类言语思维统一体，是人们认识世界、理解世界和交流思想的工具。语篇的组织结构在形式、语义和交际层面上都具有整体性特点，此外，语篇还具有关联性、情态性、信息性等范畴特征。作为语篇隐含的载体，语篇的表层结构是隐含赖以存在的物质基础，语篇的深层结构是隐含发挥功能的隐蔽空间。

语篇隐含是在语篇微观上下文中间接、隐晦表达的意思成分，不具有明显的标记性。对于某一功能语体的语篇来说具有相对的共性特征，对于同一功能语体的不同具体语篇来说又具有绝对的个性特征。语篇隐含的获知依靠语篇接收者的语言知识、日常生活中积累的百科知识以及在语境中演绎推理的能力。

受俄罗斯学者隐含分类观点的启发，笔者总结出三项划分语篇隐含应遵循的基本原则，即区分不同的功能语体类型，在同一功能语体类型下针对不同的体裁类型进行区分，区分形式上的删略和内容上的隐藏。本书选择文学语体中的散文语篇，更具体地说，以叙事作品中的小说作品为分析对象。因此，首先要分析文学语篇的言语组织特点与内容类型。

文学语篇同时涉及纯语言学层面和超语言学层面，它的语言具有独特的美学功能，不仅提供语义信息，还提供所谓的文学信息或美学信息。作者借由文学信息对读者施加影响。文学语篇的意思是所有形式的隐含信息与外显信息的总和。文学语篇隐含信息的产生取决于处于同列联系的语篇成素的相互作用。

笔者认为，在加利别林划分的三种语篇信息类型中，不仅潜在内容信息是隐性体现的，事实内容信息与观念内容信息同样有隐性呈现方式。同时，不能忽视语篇与民族文化特征的紧密联系以及文学语篇中由各种表达手段传递的丰富文化信息。在此基础上，可以把文学语篇中的语篇隐含划分为四种类型：客观事实隐含、主观感情评价隐含、交际隐含和文化隐含。

第四章　语篇隐含语义的语言表达手段

语篇隐含在语篇微观上下文中体现为信息以非常规形式的表达，或是信息折叠压缩，或是信息删略空缺，或是信息间接传递，或是触发接收者获知附加信息。语篇隐含语义的表达手段丰富多样，涉及各层面语言单位。除了词汇及固定句式结构以自身具有的伴随意义、感情-评价色彩或修辞意味与语篇上下文相互作用进而产生隐性信息之外，还可伴有其他类型手段的运用，如语调-句法手段、字形手段、作者注解、期待落空的效果（Козьма 2008）等；各类转喻手法（тропы）如换喻、提喻、修饰语、明喻、反叙法、讽刺、讽喻、拟人、迂说等；各种句法辞格（фигуры）如句首重叠、句尾重叠、排比、对照、矛盾修饰、递进、省略暗示（Алехина 1989；Козьма 2008）等。

弗罗尔金娜归纳的隐性意思表达手段包括：词汇单位、表述的结构特征、词序、韵律结构、表述的复指联系和后指联系、身势表情的伴随、固定的言语公式等。（Фролкина 1995：109）列利斯（Е.И. Лелис）认为应当“首先区分语言手段和超语言手段，并且承认语言手段的主导作用”。语言手段可以是任何语言单位及它们的组合。但要想列出一个完整的手段清单是无法实现并且没有意义的，因为语言手段虽来自客观的语言资源，但手段的具体选用则带有作者个人的主观特征。他提倡采用处于文艺学和语言学交叉点的语言美学（лингвоэстетический）途径展开研究，因为语言美学是“把文学创作作为实现语言美学潜能的方式来研究的，并把文学作品的语言层级看作美学完整性的基础”。（Лелис 2013b：61）语言自身是一种美学现象的同时，还是一种艺术性掌握现实的手段。

本书认同把语言手段看作语篇隐含语义表达的主要手段的观点。语言是语篇的本源，语篇的所有物质实体 —— 从音位到复杂语篇构成 —— 都依赖于语言。尽管语言手段并不是唯一的意思载体，但在语篇的意思结构中起着决定性作用，是探究语篇内容层面尤其是意思潜能的一把钥匙。语言手段在语篇中的实义化是其被用于语篇隐含构建的基础。实义化概念可以理解为语言符号与现实建立起来的相互联系，借助实义标志使语言符号满足语言情景的要求。（Ахманова 2004：37）这种理解与语言单位在言语或语篇中的功能化概念直接相关，后者被邦达尔科定义为“语言系统的单位、类别及范畴在言语中实义化及相互作用的过程”。（Бондарко 1978）语篇中的所有词、所有句子以及整个语篇都是实义化了的，它们不再充当抽象的名称、词汇单位或假设的句法构造，而是作为具体事物的称名、真实的句子或关于具体事实和情景描述的一部分。（Москальская 1981：97）

在语言层级体系中，作为文学语篇意思结构中隐含载体的首先是词汇单位。斯捷潘诺娃（В.В. Степанова）认为语篇的词汇结构是“语篇语言结构特征的基本点，因为词在语篇中以词形的方式发挥功能，具有融形态、语义、语用、交际特征为一体的能力”。（Степанова 2006：12）词在进入语篇后，其意义从普遍的词典意义变成了个体化的、具有形象塑造潜能的意义。词汇单位与其他层级单位的结合极大地增强了意义生成效果。正如切尔努欣娜（И.Я. Чернухина）所言：“隐性内容产生于结构-句法层面，是文学语篇组成要素同列联系的结果，组成要素的意思相互作用并由此产生了在词汇层面上不具有形式体现的新的语义。”（Чернухина 1984：18）

在文学作品中，作者对世界的认识以及对文学作品应当反映世界的态度不仅通过作品的内容、情节来体现，还表现在作者对于词汇和句法结构的选择上。"正是通过句子结构、句子内容、句子延展或切分的方法、句子之间的组合方式，句子之间与形象之间的过渡特点来实现作者思路的统一变化与进展。"（Сильман 1967：152）文学语篇中参与构建语篇隐含的句法手段使作者能够创造出多层次的意思结构以及语篇的第二情感层面（эмоциональный «второй план» текста）。（Пушкарева 2009：64）任何正常句子结构的改变和句法规则的破坏都不可避免地产生表情性、评价性、言犹未尽或意思的冗余，这些特征的诠释增添了文学语篇阅读的趣味性并扩展了读者对作品意思结构和语义潜能的了解。为了全面、充分地理解作品，读者不仅要关注情节脉络的发展延伸，还要善于捕捉字里行间潜藏的信息。（Пушкарева 2009：61）

面对文学作品，读者之所以能获取比字面意义更多的信息，是因为人具有同时在不同平面理解客观现实以及同时理解两个不同，但相互之间存在联系的信息的能力。这种思维能力在很大程度上预先决定了文学作品的美学本质。这种能力通过一系列形象表达手段（изобразительно-выразительные средства）的帮助如隐喻、借代、迂说、比喻、寓喻等来实现。（Алиева 2010：21）这些具有鲜明形象性和语义丰富性的修辞格在文学语篇中作为情感-意思成分具有极大的表意潜能。（Маклакова 2010：94）它们在描绘客观人物、事物、事件的同时鲜明地突出这些客体本身的特点，同时也体现作者对人物角色或事件的主观感受和态度，蕴含深刻的寓意，是文学语篇隐含语义表达不可或缺的重要手段。

文学作品中语篇隐含语义的语言表达手段多样性毋庸置疑。从总体来看，隐含语义语言表达手段的多样性取决于一系列客观及主观原因。客观原因包括语篇创作的文化范围、历史时代、语篇的体裁风格与话题类型等，主观原因包括作者的创作思路、美学信念、外显表达意思成分的动机，以及理解语篇的个体情况。（Лелис 2013b：73–74）

本书所选语料均来自契诃夫的中短篇小说，其创作的典型特征是言简意赅同时又意味深刻。作家在创作过程中精心挑选语言材料，对其进行细致加工，避免出现言不达意的情况。对契诃夫来说，“在表达某个特定意义时每个词、每个词组的用法都是十分重要的，如果用其他词或词组来代替则只能表达出近似的意义。语言艺术家让词回归原有的意义，或者赋予词以全新的、在此之前仅潜在存在的意义”。（Бицилли 2000：231）契诃夫作品行文的另一个显著特点是“不允许任何言语上的‘装饰’”。（Бицилли 2000：235）这使得其作品中的所有词汇手段都处于统一的系统中，并且在保证文字的表现力和准确性的同时实现语言手段的经济节约。契诃夫的名言“简洁是天才的姐妹”（出自1990年作家给哥哥的一封信）正体现了自己对于言语简洁的追求。小说《胖子与瘦子》（1883）《阿纽塔》（1886）《一个文官的死》（1883）《带小狗的女人》（1899）等众多作品都可称为契诃夫简洁文笔的典范，他极擅长以开门见山的方式讲述故事，用寥寥数语交代人物角色的生活“前史”或事件的前因后果，故事结局通常戛然而止，绝不拖泥带水。契诃夫充分信赖读者，在他的小说中总是留有大片空白，没有写出来的主、客观成分读者自己会依靠想象去补充、丰富。因此，契诃夫的个人创作风格决定了他的作品是十分适合用来研究语篇隐含语义的语言表达手段的材料。笔者选取的作品涉及契诃夫的不同创作时期，既有作家初登文坛的“安东沙·契洪特”时期的作品，也有其“从一个幽默作家变成了抒情作家”时期的作品。

4.1 词汇手段

4.1.1 词的伴随意义成分

词汇意义是一个复杂的语义学范畴，其构成取决于语言内外多方面因素，包括物质的和概念的、客观的和主观的、语言的和超语言的等。其中，起决定性作用的三个因素是：词与客观事物之间的关系，即词所包含的内涵关系和外延关系；作为词汇单位的词与其他词之间的语义关系，即词的结构关系；词与语言使用者的关系，即词所包含的主观因素和客观因素的关系。词汇意义就是这些关系相互作用的结果。（倪波，顾柏林 1995：35）词与客观事物的关系又包括两个方面：词与客观事物或现象的联系以及词与反映该事物或现象的概念的联系。词与所指事物之间的关系即为指称意义（денотативное значение），反映的是某一客观现象如事物、性质、关系、行为、状态等。词与相关概念的关系即为语义意义（сигнификативное значение），反映的是词汇意义中由客观现象基本特征制约的意义。词的指称意义和语义意义构成了词汇意义的基本内容，统称为事物－概念意义（предметно–понятийное значение）。

词的事物－概念意义是词汇单位内容平面的基础部分，是词汇意义的理性意义成分，它所包含的区别性语义特征能够把一种事物同另一种事物区分开来，同时也能够体现概念的主要特征。但并非所有的概念特征都体现在词的事物－概念意义中。那些依附于基本指物意义的、根据需要在不同语言环境中表露出来的潜在意义即词的伴随意义或内涵意义（коннотационное значение）。

词的伴随意义的产生是人们根据词的所指意义联想到在性质、功能、形状等方面相似的事物，进而使词义获得形象色彩和情感意味。阿普列相指出，伴随意义是词汇的非主要意义，是词义的补充和附加。词的伴随意义包含了表情成分（说话人对言语对象的个人态度，参见Телия 1993）、感情成分（说话人的个人情感，参见Лукьянова 1986）和联想成分。由人们对词义的联想印象而产生的伴随意义也可称为联想意义（ассоциативное значение）。（Апресян 1974）联想意义通常使词汇单位带有表情-感情色彩，这是由个人主观因素决定的、伴随词义中固有的核心成分——理性意义而存在的感性意义成分，使接收者获得除指物意义之外的情感信息和评价信息。在一些情感色彩尤为强烈的词中，感性意义取代了理性意义的地位，成为词汇的主导信息内容。如*жид*是对犹太人的侮辱性称呼，带有明显的口语和贬义色彩：*– Ну да, вы ещё скажете, что он жид пархатый, – уже начинал подёргиваться несчастный беженец, эмигрирующий из Краснодара в Саратов. (Наш современник, 2000, № 10)*（“是啊，您还会说他是一个令人讨厌的犹太人，”那个不幸的、从克拉斯诺达尔前往萨拉托夫的难民已经开始抽搐起来。）（黄苏华，刘光准 2005：309）

词的伴随意义中一方面包含某种程度约定俗成的、反映一定社会文化观念和语言传统的特点，具有浓郁的民族文化内涵，反映一个民族对客观世界的认知，因而对操同一语言的人们有相对的一致性。另一方面，由于语篇上下文或接收者个人因素等原因，词的伴随意义所产生的情感内涵及引起的语感反应可能产生差异，这也就是为什么笔者将词汇单位自身所具有的伴随意义纳入本书的论述范围内。此外，尽管表情、感情以及联想成分是词汇基本意义的附加内涵，但并非所有词都相同程度地体现这些意义成分。存在许多词汇，其联想意义和情感评价色彩具有任选性且十分隐晦，必须依靠语篇的上下文内容以及与其他语言手段之间的相互作用来确定。例如：

На хламе всегда с трубкой в зубах лежит сторож Никита, старый отставной солдат с порыжелыми нашивками. У него суровое, испитое лицо, нависшие брови, придающие лицу выражение ***степной овчарки****, и красный нос; он невысок ростом, на вид сухощав и жилист, но осанка у него внушительная и кулаки здоровенные. Принадлежит он к числу тех простодушных, положительных, исполнительных и тупых людей, которые больше всего на свете любят порядок и потому убеждены, что их надо бить. Он бьет по лицу, по груди, по спине, по чем попало, и уверен, что без этого не было бы здесь порядка. («Палата № 6» Чехов,1892)*

看守人尼基达是个年老的退伍兵，衣服上的军章已经褪成棕色。他老是躺在那堆破烂东西上，两排牙齿中间衔着一支烟斗。他的脸相当严厉而枯瘦，他的眉毛滋出来，给那张脸添上了草原看羊狗的神情，他的鼻子发红，身材矮小，虽说长得清瘦，筋脉嶙嶙，可是气派威严，拳头粗大。他是那种心眼简单、说干就干、办事牢靠、脑筋迟钝的人。在人间万物当中他最喜爱的莫过于安分守己，因此相信对他们是非打不可的。他打他们的脸，打他们的胸，打他们的背，碰到哪儿就打哪儿，相信要是不打人，这地方就要乱了。(《第六病室》,汝龙译)

小说《第六病室》是契诃夫具震撼力的作品之一，出版后引起了强烈的社会反响。尼基达是第六病室的看守人，作者用*овчарка*来形容他的神情。*овчарка*意为牧羊犬，是一种强壮且聪慧的工作犬，用于保护畜群不受野生动物侵害，并通过驱赶畜群协助放牧人管理。*Овчарка*一词自身并没有明显的褒贬色彩或修辞意味，但结合该词所指事物的区别性特征以及上下文内容，读者便不难将牧羊犬的习性、工作特征与人物角色的外貌、性格特征联系起来，通过联想进而获取其中的情感色彩。牧羊犬作为工作能力出色的犬种，身形结实、行动敏捷，这符合作者对尼基达“虽说长得清瘦”“可是气派威严，拳头粗大”的外形描写以及“心眼简单，说干就干，办事牢靠”的性格描述。但此时读者并不能判断出作者对该人物的情感态度。作者接着写道，尼基达“打他们的脸 …… 碰到哪儿就打哪儿”，使读者联想到尼基达对精神病人的殴打和约束就像牧羊犬对畜群的驱赶，精神病人丧失了尊严，如同牛羊一般。后文中，每当犹太裔精神病人莫依谢依卡从人们那里得到一点吃的和小钱，尼基达统统从他身上搜去自己享用：“*Всё, что он приносит с собой, отбирает у него Никита в свою пользу.*”直接说明了尼基达对精神病人的欺压。由此读者可以得知*овчарка*在这里暗含着作者对尼基达这一人物角色的否定评价，因而译者汝龙采用了“看羊狗”这样通俗且带有贬义色彩的词语。

可见，通过词汇伴随意义成分表达的隐性意思，须结合语境条件（上下文、背景知识等）和交际条件（言语行为的类型、交际参与者的关系等）从原本任选性的众多语义成分中确定作者真正想表达的意思，对作者赋予词汇的个人主观意味进行解码。除此之外，能够表达隐性意思的伴随意义成分还包括词汇的文化伴随意义，它的生成基础是联想，通过文化关联（культурная связанность）来实现。所谓文化关联，指语言和言语主体在词汇或话语的文化隐含信息与文化世界图景之间建立起的一种内部认知联系。（崔卫2007：6）常项文化关联所反映的文化伴随意义是规约性的，具有固定性和普遍接受性的特点；临时或个性文化关联是非规约性的，具有瞬间性和狭域性的特点。

例如小说《复活节之夜》，作者以«*Святою ночью*»为题，预示了故事情节发生的背景，引起读者对于这一宗教节日相关要素的联想。小说中陆续出现了众多与复活节相关的情景元素：节日彩灯（*люминация*）、在修道院里插上蜡烛（*в монастыре свечку поставить*）、钟声（*звон большого колокола*）、在胸前画十字（*перекреститься*）、“基督复活了！”（*Христос воскрес!*）、修士的法衣（*монашеская ряса*）、赞美诗（*акафист*）、大司祭（*отец архимандрит*）、副主持神甫（*отец наместник*）、修士司祭（*иеромонах*）、长老（*старец*）、布道词（*проповедь*）、举着十字架的游行行列（*крестный ход*）、复活节赞美歌（*пасхальный канон*）、教堂（*церковь*）、杜松和安息香（*можжевельник и росный ладан*）、墓碑和十字架（*могильный памятник и крест*）、为复活节面包行祝圣礼（*святить куличи*）、复活节祈祷仪式（*пасхальное служение*）、圣障（*Царские врата*）、枝形烛台（*паникадило*）、神香烟雾（*ладанный дым*）、摇炉散香（*кадить*）、金色法冠（*золотая митра*）、唱诗班（*клирос*）、念珠（*четки*）、修道室（*монашеская келья*）、弥撒（*обедня*）、开斋（*разговляться*）。所有这些与复活节相关的宗教元素在小说题目«*Святою ночью*»的激发下，通过规约性的静态文化关联被读者接收，成为文化背景隐含。因其属于常项文化关联，具有固定性和普遍接受性，因而无须作者向读者做过多的解释和说明。

4.1.2 词汇重复

作为语言学术语的重复（повтор, повторение）在词典中的释义为：词根、词干或整个词在无音变（或部分音变）的情况下部分再现或整体再现，用作构词或构建成语单位的一种方式，如“*вот-вот*”“*едва-едва*”等；一种言语辞格，由音节、词和表述在一定序列中的重叠构成，音节重复如“*Бурлили бури*”、词汇重复如“*Лучше молчи. Молчи и молчи!*”等。（Ахманова 2004：327）列费罗夫斯卡娅（Е.А. Реферовская）指出，词汇重复可以是完全性或部分性的重复，即相同词语的完整重复和仅有词根的重复，还可以是同义词语和换说词语（部分代替整体、种概念代替类概念、泛指概念代替具体概念等）。（Реферовская 1983：51）重复的词汇可以是各种实词如名词、动词、副词、形容词等。

语篇范围内的词汇重复研究主要集中在其表现形式和功能上。如索尔加尼克（Г.Я. Солганик）把词汇重复视为建立句间联系的手段，并认为其对体现主题有一定作用。（Солганик 1973：62）洛谢娃（Л.М. Лосева）认为词汇重复形成的句间联系既有接触性的，又有距离性的。（Лосева 1980：45）

文学语篇中的词汇重复实际上是一种省略的对立现象——逆省略（антиэллипсис），主要出现在人物言语层面或作者言语层面的相似句子结构中或相近的事件情景中。词汇重复可以出现在上下文相邻的语句中，也可以存在间隔，远距离地相互照应，发挥保证作品行文连贯性的基本功能。此时，词汇重复作为联系手段，其反映的意义内容是外在的、明显的，也就是直接反映了作品片段的内容。另外，词汇重复可为文学语篇增添表情性，增强言语表现力和感染力，丰富感情评价色彩，这些情感性内容可能是内隐的，需要读者对作品内容进行再加工才能获取。词汇重复对于读者理解作者“意向”及作品潜藏信息有重要作用，多次出现的词语可能被作者赋予了象征性意义，成为帮助体现作品主题的关键词。我们以契诃夫的小说《三年》为例，“阳伞”一词在作品中多次出现，见例文（1）至例文（8）：

(1) – *... Юличка у меня* ***зонтик*** *свой забыла, ты ей пошли завтра, ... («Три года» Чехов, 1985)*

“……尤列琪卡把她的阳伞忘在我这儿了，明天你给她送去吧，……”（《三年》，汝龙译）

(2) *В полночь Лаптев простился с нею и, уходя, взял с собой* ***зонтик****, забытый Юлией Сергеевной. («Три года» Чехов, 1985)*

夜半，拉普捷夫向她道了晚安，出去的时候随手带走了尤丽雅·谢尔盖耶芙娜忘在这儿的那把阳伞。（《三年》，汝龙译）

(3) *Дома он увидел на стуле* ***зонтик****, забытый Юлией Сергеевной, схватил* ***его*** *и жадно поцеловал.* ***Зонтик*** *был шелковый, уже не новый, перехваченный старою резинкой; ручка была из простой, белой кости, дешевая. Лаптев раскрыл* ***его*** *над собой, и ему казалось, что около него даже пахнет счастьем.*

Он сел поудобнее и, не выпуская из рук ***зонтика****, стал писать в Москву, к одному из своих друзей... («Три года» Чехов, 1985)*

他回到家里，看见一把椅子上放着尤丽雅·谢尔盖耶芙娜忘记拿走的那把阳伞，就拿过来，贪婪地吻它。阳伞是绸子的，已经不新了，用一根旧的松紧带捆着，伞柄是用价钱便宜的、普通的白骨做的。拉普捷夫打开伞，让它罩在他的头顶，他觉得四周甚至散发出幸福的气息。

他让自己坐得舒服点，手里没有放下那把阳伞，开始给一个住在莫斯科的朋友写信。(《三年》，汝龙译)

(4) *Он сообразил теперь, что отца нет дома, что если понесет теперь Юлии Сергеевне ее* ***зонтик****, то наверное он застанет дома ее одну, и сердце у него сжалось от радости. Скорей, скорей!*

Он взял ***зонтик*** *и, сильно волнуясь, полетел на крыльях любви. («Три года» Чехов, 1985)*

这时候他暗自思忖，她父亲不在家，如果现在他给尤丽雅·谢尔盖耶芙娜送伞去，他就能见到她一个人在家，于是，他的心就快活得缩紧了。赶快，赶快！

他拿起阳伞，心情十分激动，驾着爱情的翅膀飞出去了。(《三年》，汝龙译)

(5) *– Я к вам... – повторил он. – Сестра вот прислала* ***зонтик****, вы вчера забыли.*

Она протянула руку, чтобы взять ***зонтик****, но он прижал* ***его*** *к груди и* *проговорил страстно, неудержимо, отдаваясь опять сладкому восторгу, какой он испытал вчера ночью, сидя под* ***зонтиком****:*

– Прошу вас, подарите мне ***его****. Я сохраню на память о вас… о нашем знакомстве.* ***Он*** *такой чудесный!*

– Возьмите, – сказала она и покраснела. – Но чудесного ничего в ***нем*** *нет.*

Он смотрел на нее с упоением, молча и не зная, что сказать. (*«Три года» Чехов, 1985*)

“我是来看您的……”他又说一遍，“我姐姐叫我给您送阳伞来，您昨天忘记拿走了。”

她伸出手来要接阳伞，可是他把伞按在胸口上，又生出昨天晚上坐在伞下面所感到的那种甜蜜的兴奋，他热烈而没法抑制地说：

“我求您把它送给我。我留着它来纪念您……纪念我们的结交。这把伞多么好啊！”

“那您就拿去好了，”她说，脸红了，“不过这把伞说不上有什么好。”

他痴迷地瞧着她，没有开口，不知道该说什么好。(《三年》，汝龙译）

(6) *Он опять прижал к груди* ***зонтик*** *и сказал тихо, неожиданно для самого себя, не узнавая своего голоса:*

– Если бы вы согласились быть моею женой, я бы всё отдал. Я бы всё отдал… Нет цены, нет жертвы, на какую бы я ни пошел.

Она вздрогнула и посмотрела на него с удивлением и страхом. (*«Три года» Чехов, 1985*)

他又把阳伞按在胸口上，轻声讲出一些出乎自己意外的话来，连他的声调都变了：

“要是您同意做我的妻子，我情愿献出一切。我情愿献出一切……不论什么样的代价，什么样的牺牲，我都愿意承担。”

她打了个哆嗦，又惊讶又恐惧地瞧着他。(《三年》，汝龙译)

(7) *Он встал и отошел к окну.*

– Как бы то ни было, приходится проститься с мыслями о счастье, – сказал он, глядя на улицу. – Его нет. Его не было никогда у меня и, должно быть, его не бывает вовсе. Впрочем, раз в жизни я был счастлив, когда сидел ночью под твоим ***зонтиком****. Помнишь, как-то у сестры Нины ты забыла свой* ***зонтик****? – спросил он, обернувшись к жене. – Я тогда был влюблен в тебя и, помню, всю ночь просидел под этим* ***зонтиком*** *и испытывал блаженное состояние.*

В кабинете около шкапов с книгами стоял комод из красного дерева с бронзой, в котором Лаптев хранил разные ненужные вещи, в том числе ***зонтик****. Он достал* ***его*** *и подал жене.*

– Вот ***он****.*

Юлия минуту смотрела на ***зонтик****, узнала и грустно улыбнулась.*

– Помню, – сказала она. – Когда ты объяснялся мне в любви, то держал ***его*** *в руках, – и, заметив, что он собирается уходить, она сказала: – Если можно, пожалуйста, возвращайся пораньше. Без тебя мне скучно.*

И потом она ушла к себе в комнату и долго смотрела на ***зонтик****. («Три года» Чехов, 1985)*

他站起来，走到窗子跟前。

“不管怎样也得跟幸福的想头告别了，”他瞧着街上说，“幸福是没有的。我从来也没得到过幸福，多半压根儿就不存在什么幸福。不过，我这辈子也幸福过一次，就是那天夜里我打着你的伞坐着的时候。你还记得有一天你把你的伞忘在我姐姐尼娜家里吗?”他回转身对着他的妻子，问道，“那时候我爱上了你，我记得我通宵打着那把伞坐在那儿，感到非常幸福。"

书房里那些书柜旁边放着一个红木镶青铜的五斗橱，是拉普捷夫用来保存各种用不着的东西的，其中就有那把伞。他把它拿出来，递给他的妻子。

"就是这把伞。"

尤丽雅对这把伞看了一会儿，认出来了，忧郁地笑了笑。

"我想起来了，"她说，"那次你对我表白爱情的时候，手里就拿着这把伞。"她看出他要走了，就说，"要是可能的话，请你早点回来。你不在，我闷得慌。"

然后她回到自己的房间里，久久地瞧着那把伞。(《三年》，汝龙译)

(8) *... На ней было легкое изящное платье, отделанное кружевами, платье светлое кремового цвета, а в руках был всё тот же* ***старый знакомый зонтик*** *...*

– Отчего ты так долго не был? – спросила она, не выпуская его руки. – Я целые дни всё сижу здесь и смотрю: не едешь ли ты. Мне без тебя скучно! («Три года» Чехов, 1985)

…… 她身穿单薄而雅致、镶着花边的淡黄色连衣裙，手里拿着那把熟悉的旧伞……

"你为什么这样久没有来?"她问，没有松开他的手，"我整天坐在这儿等你来。你不在，我就闷得慌!"(《三年》，汝龙译)

《三年》讲述了主人公拉普捷夫在与尤丽雅三年婚姻生活中所经历的复杂心路历程。阳伞出现的情节总是伴随着两人关系发生微妙的变化。例文(1)至(6)中的阳伞集中出现在小说前两个章节中。故事开头，拉普捷夫对尤丽雅有着深深的单方面的迷恋，她落在姐姐家中的阳伞成了拉普捷夫的慰藉和精神寄托，他"贪婪地吻它"、坐在伞下写信、带着伞去见尤丽雅、请求赠伞、向尤丽雅求婚 —— 这把阳伞成了推动拉普捷夫情感发展的工具，是拉普捷夫向往炽热爱情的见证。然而，从第三章至第十五章阳伞再也没有出现过。在此间的情节发展中，两人的婚姻生活并不幸福：尤丽雅不爱拉普捷夫，这使得他感到委屈，两人没有共同语言，精神上十分疏离。一直到故事快结束时，阳伞才再次出现在了第十六章的结尾处和第十七章的尾声之前。此时，尤丽雅已经经历了失去孩子的痛苦，虽然依然没有强烈地爱过拉普捷夫，但对他开始有了依恋和牵挂，然而这并不是出于爱情，而是出于习惯。但拉普捷夫的热情已经在岁月中消磨殆尽，觉得是否出于热烈的爱情而结婚，结果都没什么两样了，他不再吃醋、激动、痛苦。当尤丽雅拿着已经变旧的阳伞向丈夫诉说对他的依恋时，拉普捷夫内心毫无波澜只想着吃早饭。这把阳伞贯穿了两人情感关系发展的全过程，成了感情产生和磨灭的见证者。两人精神世界的差异注定了他们难以成为灵魂伴侣：两人对幸福的理解有着偏差，拉普捷夫梦想因热烈的爱情而步入婚姻，而尤丽雅认为“幸福不在于爱情”；两人对彼此产生情感的时机不对，拉普捷夫的热情耗尽之后，尤丽雅才逐渐生出了爱情和依恋。《三年》中反复出现的阳伞一方面突出了作者想要强调的对情节发展起重要作用的细节，另一方面帮助传递角色的状态，揭示人物内心世界的变化。同时，阳伞被作者赋予了一种象征性意义，它象征着拉普捷夫与尤丽雅的情感羁绊，因而贯穿了整个小说的故事情节。

4.1.3 外语词

外语借入现象在文学语篇中屡见不鲜。术语外语词（иноязычные вкрапления）由列昂季耶夫首次提及：“任何语言的语篇都是根据一定规则将某种模型‘展开’的产物。反过来，也可以根据相应规则对语篇进行‘压缩’来建立这样的模型……不过，语篇中的某些片段不适用于我们的模型，这就是语篇中常见的外语词。”（Леонтьев 1966：60）列昂季耶夫的外语词概念十分宽泛，不仅包含外语元素（词、词组、语音、语法及语义现象）在俄语中的使用，还包含语篇中为了表达外语词而偏离规范的语言现象，如保留了自身语音及语义特征但用于外语语法形式的俄语词以及违反了自身语义及语音特征的俄语词等。克雷辛（Л.П. Крысин）、别勒科娃（В.П. Беркова）等学者补充并缩小了外语词的概念：外语中的词或表达，它不属于本族语言系统，在词法上不可切分，其运用取决于说话人对外语的掌握程度以及言语的修辞及体裁特征。（Крысин 1968：46–47）克雷辛将其与借入词（заимствование）和异族词（экзотическая лексика）看作外来词（иноязычное слово）的不同类型。他将外语词划分为两组，第一组是“具有国际性特征”的词和词组，可以用于任何标准语的语篇中；另一组则不能称其为固定的或者国际性的外语元素，它们通常带有文学修辞用途，体现个体的用词特点。（Крысин 1968：47–49）

外语词作为一种文学语篇隐含的语言表达手段，一方面侧面反映文学作品创作时代背景下的社会生活特征，如不同阶层人士的生活方式、风尚潮流、言语和思维特征、心理面貌等；另一方面潜藏了具体人物角色的隐性信息和交际意图，前者包括人物的社会地位、阶级层次、教育水平、言语特点、性格特征等信息，后者比如人物用以显示或炫耀自身的身份地位、追逐言语潮流或表达某些情感态度等。

契诃夫作品中时常出现不同语种的外语词，如法语、英语、意大利语、拉丁语、希腊语等，通常保留着外语中的原形，没有改变外语词本身的书写和发音。作家使用外语词作为塑造文学形象和体现作者构思的手段。例如：

(1) *Он повел ее под руку вверх по лестнице, потом по коридору сквозь толпу каких-то мужчин и женщин. В передней тоже было тесно, пахло ладаном.*

– Я представлю вас сейчас нашему батюшке, – прошептал Федор

среди гробовой торжественной тишины. – Почтенный старичок, pater ***familias****. («Три года» Чехов, 1895)*

他挽着她的胳臂领她走上楼梯，然后从男男女女的人群中穿过走廊。前厅里也拥挤，有神香的气味。

“我马上带您去见我们的父亲，”费多尔在庄重的、死一般的寂静中小声说，“他是个可敬的老人，家长。”（《三年》，汝龙译）

在小说《三年》中，不同于弟弟拉普捷夫一直因童年遭受父亲的辱骂和责打而对父亲心怀不满，哥哥费多尔非常敬重父亲，将他视为支撑家族事业的长辈。当弟媳尤丽雅第一次来到拉普捷夫家族经营的厂房时，费多尔在一片庄重的气氛中带她去见父亲。原文中的“家长”是拉丁语，费多尔向尤丽雅介绍父亲时不仅称其为“可敬的老人”，还用拉丁语强调父亲是一位“家长”，体现了费多尔的郑重其事，侧面反映出兄弟两人对父亲及家族事业的不同态度。

当外语词和词汇重复手段结合起来使用，一方面能够增强故事情节的表现力和感染力，另一方面更好地反映说话人当时的心理状态和情绪特征。例如：

(2) *– Итак, вы женаты, – сказала она. – Но не беспокойтесь, я киснуть не буду, я сумею вырвать вас из своего сердца. Досадно только и горько, что вы такая же дрянь, как все, что вам в женщине нужны не ум, не интеллект, а тело, красота, молодость... Молодость! – проговорила она в нос, как будто передразнивая кого-то, и засмеялась. – Молодость! Вам нужна чистота,* ***Reinheit! Reinheit!*** *– захохотала она, откидываясь на спинку кресла, –* ***Reinheit!*** *(«Три года» Чехов, 1895)*

“那么，您结婚了，”她说，“不过您不必担心，我不会垂头丧气，我能把您从我的心里赶出去。只有一件事使我烦恼和痛心：您也跟别人一样无聊，您在女人身上所需要的不是智慧，不是学识，而是肉体，美丽，青春……青春!”她用鼻音说，仿佛在模仿什么人说话似的，然后笑起来，“青春！您要的是纯洁，纯洁，纯洁!”她说着，哈哈大笑，把身子往椅背上一靠，“纯洁!”(《三年》，汝龙译)

(3) *– Но разве можно любить, не зная, за что? – спросила Рассудина и пожала плечами. – Нет, в вас говорит животная страсть! Вы опьянены! Вы отравлены этим красивым телом, этой* ***Reinheit!*** *Уйдите от меня, вы грязны! Ступайте к ней! («Три года»* Чехов, *1895)*

“可是难道自己都不知道为什么，就会爱上一个人?”拉苏季娜问，耸了耸肩膀，“不，在您身上起作用的是兽性的情欲！您陶醉了！您中了这个美丽的肉体的毒，中了这种纯洁的毒！躲开我，您肮脏！到她那儿去吧!”(《三年》，汝龙译)

拉苏季娜是《三年》主人公拉普捷夫在婚前同居的女人，在拉普捷夫毫无交代就与尤丽雅结婚后她伤心并且愤怒。在强烈自尊感的驱使下她努力保持镇定，向拉普捷夫表示会将他赶出自己心里，但依然难以掩饰内心的不甘，最后情绪激动地控诉起拉普捷夫来，她的话语中夹杂着德语“Reinheit”，并且重复地喊着这个词。作者的笔法非常细致地刻画出拉苏季娜此刻的心理状态：一方面她故作坚强，想要显示自己并非软弱的女性，努力维护自己的尊严与骄傲，与前文她不愿意让拉普捷夫为自己付车钱、不向有钱商人借钱的行事作风相呼应；另一方面又因为自己付出了热烈的、完全没有私心的爱却被辜负而愤怒、失望。

外语词也可以根据发音用母语字母转写，即音译转写（транслитерация）。契诃夫用转写法对人物特点进行补充性刻画以及塑造喜剧效果。例如：

(4) *Грябов сбросил шляпу и галстук.*

– ***Мисс****... эээ... – обратился он к англичанке. –* ***Мисс Тфайс! Же ву при...*** *Ну, как ей сказать? Ну, как тебе сказать, чтобы ты поняла? Послушайте... туда! Туда уходите! Слышишь?*

Мисс Тфайс облила Грябова презрением и издала носовой звук. («Дочь Альбиона» Чехов, 1883)

格利亚包夫脱掉帽子，解下领结。

“小姐……呃呃……”他转过脸去对英国女人说，“特法依斯小姐！我请求您……哎，该怎么跟她说？哎，该怎么跟你说，才能叫你听懂呢？您听着……那边！您到那边去！听见了吗？”

特法依斯小姐把轻蔑的目光倾泻在格利亚包夫身上，鼻子里哼一声。（《阿尔比昂的女儿》，汝龙译）

在《阿尔比昂的女儿》中，地主格利亚包夫当着贵族奥特佐夫的面对家庭女教师特法依斯小姐的外貌和性格进行了言语恶毒的评价，嘲笑她在俄国住了十年却不懂俄文，而自己国家的人要是去了她的国家马上就能学会她们的语言。结果等格利亚包夫需要让特法依斯小姐回避，自己脱衣服下水时，他却结结巴巴什么也说不明白，只好当着她的面脱衣下河。情节里出现的外语词中，第一处为英语“*Miss*”的转写“*Мисс*”，第二处为法语的转写“*Же ву при*”，表明格利亚包夫既不懂英语，也不会说法语，文化水平较低。原本是嘲笑别人，结果反而在别人面前出了丑。契诃夫用音译转写的外语词刻画出格利亚包夫傲慢、愚蠢、无知且毫无个人修养的人物形象，营造出了讽刺的喜剧效果。再如例文（5）至例文（8）：

(5) – **Alibi!** – шепнул Дюковский, усмехаясь и потирая руки.

“不在场！”玖科夫斯基小声说，冷笑，搓手。

(6) – **Alibi**, – усмехнулся Дюковский. – И какое дурацкое **alibi**!

“不在场，”玖科夫斯基冷笑说，“而且是多么荒谬的不在场！”

(7) – Что Николашка причастен в этом деле, – сказал он, – **non dubitandum est**. И по роже его видно, что он за штука... **Alibi** выдает его с руками и ногами... Синие панталоны, смущение, лежанье на печи от страха после убийства, **alibi** и Акулька.

“无可怀疑，”他说，“尼古拉希卡跟这个案子有关系。凭他那副嘴脸就可以看出他是个什么路数……他的不在场弄得他露出了马脚……蓝色的长裤啦，狼狈的神态啦，杀人以后由于害怕而睡在灶台上啦，不在场啦，阿库尔卡啦。”

(8) – **Veni, vidi, vici**! – сказал он, влетая в комнату Чубикова и падая в кресло. *(«Шведская спичка» Чехов, 1884)*

“我来了，我看见了，我胜利了！”他飞奔进楚比科夫的房间里，往圈椅上一坐。(《瑞典火柴》，汝龙译)

《瑞典火柴》是一篇极富讽刺意味和喜剧效果的小说。侦讯官楚比科夫的助手玖科夫斯基办案只凭想象和胡乱猜测。在办案过程中，玖科夫斯基的言语里多次出现拉丁语的法庭词汇“alibi”，表明他作为知名侦讯官的助手，本身具有较高的文化水平，与其糟糕的办案能力形成鲜明对比，反映了玖科夫斯基对破案立功的野心和不相匹配的个人能力。“Veni, vidi, vici”是古罗马大将恺撒的豪语，从玖科夫斯基口中说出，与下文他的荒谬推论再次形成强烈对比，带有极大的讽刺意味。契诃夫通过外语词的使用，将人物好大喜功、急功近利的性格特点展现得淋漓尽致。

4.2 句法手段

4.2.1 嵌入结构

嵌入结构（вставная конструкция）是句法构造的一种特殊形式，也称嵌入元素（вставной элемент）、嵌入单位（вставная единица）等。嵌入结构可以急速地打破句子的逻辑–语法关系，中断句法联系的连续性，使语篇出现两个叙述层面：主要层面和次要层面。嵌入结构的具体形式常常体现为单个词、词组或句子被放置到核心句（основное предложение）的中间，与核心句产生语义或句法上的联系，充当一种注释，起着补充、纠正、解释上下文主要意思的功能。嵌入结构在表达补充信息时会明显地从句子中分离出来，需要使用括号或破折号将其与被嵌入句子隔开，“因为这两种标点符号能够最明显地从句段和语调上分解句子”。（蒋国辉 1983：36）嵌入结构一般具有说明功能、补充信息功能、表情-评价功能和省力功能。（王辛夷 2017：34）

嵌入结构与插入结构有相似之处，也有明显的区别。后者包括插入词和插入句。插入词是与句子中其他成分无任何形式-语法联系的词，它不属于该句子的成分，可以表达说话人对所说内容的态度、对信息的一般性评价及这种评价的来源，如“*Конечно, он не придет; По-видимому, его нет дома; Итак, все понятно.*”插入句是一个句子被放置在另一个句子中，但与后者的任何一个成分都没有语法上的联系，如“*Я всякому, ты знаешь, рад.*”（Ахманова 2004：72）与插入结构相比，嵌入结构既可以作为句子成分，也可以不作为句子成分，并且常常与核心句在句法和语义上发生联系。（王辛夷 2018：98）但两者都可以表达一定的表情-评价内容。嵌入结构还可以起到添补信息、详细说明以及突出重点的作用，这是插入结构所不具备的功能。

文学语篇中的嵌入结构打破了所述事件和观点的连续性，把读者的注意力吸引到语篇最具现实意义的片段中。嵌入结构最鲜明地展现出文学语篇的潜在对话性，因为从本质上来说，这些附加的补充性说明是一种隐藏在独白中的双声语（двухголосье）。（Васильева 1976：189）例如：

(1) *–Как жаль, – говорит он медленно и тихо, покачивая головой и не глядя в глаза собеседнику* ***(он никогда не смотрит в глаза)****, – как глубоко жаль, уважаемый Михаил Аверьяныч, что в нашем городе совершенно*

нет людей, которые бы умели и любили вести умную и интересную беседу. Это громадное для нас лишение. Даже интеллигенция не возвышается над пошлостью; уровень ее развития, уверяю вас, нисколько не выше, чем у низшего сословия. («Палата № 6» Чехов, 1892)

“多么可惜啊，”他轻轻地、慢慢地说，摇着头，没有瞧他朋友的脸（他从来不瞧人家的脸），“真是可惜极了，尊敬的米哈伊尔·阿韦良内奇，我们城里简直没有一个人能够聪明而有趣地谈一谈天，他们也不喜欢谈天。这对我们就是很大的苦事了。甚至知识分子也不免于庸俗。我跟您保证，他们的智力水平一点也不比下层人高。”（《第六病室》，汝龙译）

《第六病室》中的安德烈·叶菲梅奇医生并非一个胸怀坦荡、问心无愧的人，他曾经有着宏图大志，但实际上他想多于做，几乎没有将任何一件事付诸行动，尤其是在涉及别人切身利益的事上，他时常放弃应有的原则，做出于心有愧的决定。作者对安德烈的人物形象如此刻画：他向往智慧和正直，但若要让他建立起合理而正直的生活，他却缺乏毅力和行动力，也缺乏信心来维护正直，“下命令、禁止、坚持，他根本办不到”。邮政局长米哈伊尔·阿韦良内奇与安德烈交好，两人聊天时，安德烈一边感叹城里没有聪明人可以与之谈天，一边赞美过去俄罗斯知识分子的高尚，然而他在跟朋友谈话时却从没有正眼瞧过对方。嵌入结构“*он никогда не смотрит в глаза*”是对其行为习惯的补充性刻画描写，侧面凸显出安德烈虽向往真诚、坦率和正直，但自己又做不到这一点的虚伪、懦弱、毫无原则的性格本质。作者此处运用嵌入结构的目的是深入洞察人物内心并向读者揭示其内部世界。

(2) *Уже провезли архиерея в карете, уже перестали звонить, и на колокольне один за другим погасли красные и зеленые огни – **это была иллюминация по случаю храмового праздника**, – а народ всё шел, не торопясь, разговаривая, останавливаясь под окнами. («Три года» Чехов,*

1895)

主教已经坐着轿车走过去，教堂的钟不再敲响，钟楼上那些红色和绿色的灯火已经一个个陆续熄灭（这是每逢教堂的命名节才点亮的彩灯），人们还在不慌不忙地走出来，谈着话，在窗子底下站住。(《三年》，汝龙译）

此处的嵌入结构位于小说《三年》的故事开端，主人公拉普捷夫在教堂外等候心爱的尤丽雅·谢尔盖耶芙娜做完晚祷。对于故事主线来说，此处嵌入结构的内容处于次要地位，如果缺失这一内容也并不会对故事情节产生太大影响，它可以被看作前句内容的延续，是作者简化分解冗长句子结构的手段，发挥补充信息的功能。

(3) *– Твердо, веди, аз! – слышалось со всех сторон (буквами в амбаре означались цены и номера товаров). – Рцы, иже, твердо! («Три года» Чехов, 1895)*

“Т, В, А！”从四面八方传来喊叫声（在仓库里，字母是用来表示商品的价钱和号码的），“Р, И, Т!”(《三年》，汝龙译）

括号中的嵌入结构同样发挥了补充说明的功能，作者主观性地选择将这一细枝末节构建成嵌入结构，将其变为另一个叙述层面，使故事的主要叙述进程不受多余细节的干扰，达到突出主线的目的。

(4) *Своим человеком у Лаптевых был также Киш, прозванный вечным студентом. Он три года был на медицинском факультете, потом перешел на математический и сидел здесь на каждом курсе по два года. Отец его, провинциальный аптекарь, присылал ему по сорока рублей в месяц, и еще мать, тайно от отца, по десяти, и этих денег ему хватало на прожитие и даже на такую роскошь, как шинель с польским бобром, перчатки, духи и фотография* ***(он часто снимался и раздавал свои портреты знакомым)****. Чистенький, немножко плешивый, с золотистыми*

бачками около ушей, скромный, он всегда имел вид человека, готового услужить. («Три года» Чехов, 1895)

外号叫“永久的大学生”的基希也是拉普捷夫家的常客。他在医学系读了三年，然后转到数学系，每一学年都读两年。他的父亲是外省一个药房的老板，每月给他寄来四十卢布，他母亲瞒着他父亲私下里又添上十卢布，这笔钱足够他维持生活了，甚至足以使他置办一些奢华的东西，例如波兰河狸皮领的大衣、手套、香水、照相（他常常照相，把自己的照片分送给熟人）。他浑身干净，略微有点秃顶，耳朵旁边留着金黄色的连鬓胡子，为人谦和，老是带着愿意为别人效劳的神情。(《三年》，汝龙译)

从上下文对人物基希的描写，读者可以得知这是一个学业并不理想，但性情温和、性格自卑的大学生。他常常为别人的事情奔走忙碌，想以满足别人的需求来取悦他人从而获得对自己的认可，却又总是吃力不讨好。正因为基希的自我评价很低，他便通过奢侈的消费行为 —— 照相，并把照片分送给熟人，来掩盖自己作为大学生和作为儿子都不甚合格带来的自卑感。嵌入结构“*он часто снимался и раздавал свои портреты знакомым*”侧面体现了基希典型的讨好型人格与极度渴望得到认可的矛盾心态。

(5) *Когда он надевал шубу, то был будто ошеломлен, и лицо его выражало боль. Лаптев уже не чувствовал гнева; он испугался и в то же время ему стало жаль Федора, и та теплая, хорошая любовь к брату, которая, казалось, погасла в нем в эти три года, теперь проснулась в его груди, и он почувствовал сильное желание выразить эту любовь.*

– Ты, Федя, приходи завтра к нам обедать, – сказал он и погладил его по плечу. – Придешь?

– Да, да. Но дайте мне воды.

Лаптев сам побежал в столовую, взял в буфете, что первое попалось ему под руки, ***– это была высокая пивная кружка****, – налил воды и принес брату. («Три года» Чехов, 1895)*

他穿皮大衣的时候，仿佛吓呆了，脸上现出痛苦的神情。拉普捷夫不再感到愤怒，他吓坏了，觉得对不起费多尔。他对哥哥的亲切、热诚的爱，近三年来似乎已经在他的心头消失，此刻却又在他的胸中复苏，他非常希望表达一下这种爱戴。

"你，费佳，明天到我们这儿来吃午饭吧，"他说，抚摸一下他的肩膀，"你来吗?"

"好，好。可是给我点水喝吧。"

拉普捷夫就亲自跑到饭厅，在食器柜里随手拿出一个杯子（那是一只高脚啤酒杯），斟满了水，端给他的哥哥。(《三年》，汝龙译)

拉普捷夫向哥哥激动地吐露了心中的不满：父亲对自己的打骂、对伙计的压制和对买主的愚弄……他对家族事业的鄙视、对父亲的憎恶，以及对自己既不坚定，也没有胆量、更缺乏强有力的意志脱离家族的痛恨出乎哥哥的意料。但随后拉普捷夫又为自己的暴怒感到愧疚。他为哥哥殷勤地倒水，却错拿成了喝啤酒的高脚杯，这一细节侧面反映出他依然沉浸在愤怒之后的内疚情绪中，嵌入结构在此处发挥了间接体现人物心理状态的作用，使角色性格特征的刻画更加立体。

4.2.2 句法重复

句法重复（синтаксический повтор）指言语产品中的句法结构在后续表述中再次出现，并伴有不同的词汇填充。与词汇重复仅限于词和词组的复现不同，句法重复至少会包含两个或更多个句法结构。(Астафьева 1964：2)

在文学语篇中，句法重复的运用使行文有目的地偏离中性修辞色彩，产生特殊强调的效果，帮助刻画描绘日常生活、人物的内心状态和思维方式，体现作品的固定主旨。同词汇重复一样，句法重复可以出现在作者言语层面和人物言语层面。人物言语层面的句法重复是刻画人物心理特征、言语习惯，反映其身份地位、社会阶层属性的隐性手段。作者言语层面的句法重复是使形象具备象征意义的隐性手段。例如：

(1) *Червяков кашлянул, подался туловищем вперед и зашептал генералу на ухо:*

– Извините, ваше–ство, я вас обрызгал… я нечаянно… *(«Смерть чиновника» Чехов, 1883)*

切尔维亚科夫就咳嗽一下喉咙，把身子向前探出去，凑着将军的耳根小声说：

“对不起，大人，我把唾沫星子溅在您身上了……我是出于无心……”（《一个文官的死》，汝龙译）

(2) *В антракте он подошел к Бризжалову, походил возле него и, поборовши робость, пробормотал:*

– Я вас обрызгал, ваше–ство… Простите… Я ведь… не то чтобы… *(«Смерть чиновника» Чехов, 1883)*

到休息时间，他走到勃利兹查洛夫跟前，在他身旁走了一会儿，压下胆怯的心情，叽叽咕咕说：

“我把唾沫星子溅在您身上了，大人……请您原谅……我本来……不是要……”（《一个文官的死》，汝龙译）

(3) *Опросив несколько просителей, генерал поднял глаза и на Червякова.*

– Вчера в «Аркадии», ежели припомните, ваше–ство, – начал докладывать экзекутор, – ***я чихнул-с и… нечаянно обрызгал… Изв…*** *(«Смерть чиновника» Чехов, 1883)*

将军问过几个请托事情的人以后，就抬起眼睛看着切尔维亚科夫。

“昨天，大人，要是您记得的话，在‘乐园’里，”庶务官开始报告说，“我打了个喷嚏，而且……无意中溅您一身唾沫星子……请您原谅……”（《一个文官的死》，汝龙译）

(4) – *Я вчера приходил беспокоить ваше–ство, – забормотал он, когда генерал поднял на него вопрошающие глаза, – не для того, чтобы смеяться, как вы изволили сказать.* ***Я извинялся за то, что, чихая, брызнул-с...***, *а смеяться я и не думал. Смею ли я смеяться? Ежели мы будем смеяться, так никакого тогда, значит, и уважения к персонам... не будет... («Смерть чиновника» Чехов, 1883)*

“我昨天来打搅大人，”他等到将军抬起问询的眼睛瞧着他，就叽叽咕咕说，“并不是像您所说的那样为了开玩笑。我是来道歉的，因为我打喷嚏，溅了您一身唾沫星子……至于开玩笑，我想都没想过。我敢开玩笑吗？如果我们居然开玩笑，那么结果我们对大人物就……没一点敬意了……”（《一个文官的死》，汝龙译）

在《一个文官的死》中，句法重复多次出现在人物言语层面。促使伊凡·德米特利奇·切尔维亚科夫无休止地向将军道歉的原因，一方面是人物自身的心理特点，他是一个极度神经质的人，通常契诃夫笔下的这类人物角色都有这样的特征：性格上犹豫不决、唯唯诺诺、缺乏自信、胆怯懦弱、疑神疑鬼。在切尔维亚科夫的几次道歉中，省略号多次出现，他几乎没有完整地说出过连贯话语来，并且要么是“凑着将军的耳根小声说”，要么是“叽叽咕咕说”，神态胆小怯懦。另一方面则是人物的身份地位使然。切尔维亚科夫的职位是庶务官，职责是管理经济和维持机构秩序。在他的潜意识里，原本“不管是谁，也不管是在什么地方，打喷嚏总归是不犯禁的”，但是他在文职将军勃利兹查洛夫（Бризжалов）面前打了喷嚏（брызгать）就破坏了秩序（将军的姓氏与“喷嚏”是同音词），偏离了常规，这使得切尔维亚科夫极力想回归正轨，于是再三说着同样的道歉的话。作者通过句法重复手段向读者透露了切尔维亚科夫神经质的心理状态与怯懦、刻板的性格特征，也侧面体现了小人物对社会身份的自我认知以及对于社会等级规则的服从。句法重复手段的类似运用及其功能还体现在《胖子和瘦子》《变色龙》《假面》等一系列幽默讽刺小说中。契诃夫笔下出现重复性话语的人物并不局限于特定年龄性别或社会阶层，作家安排的人物言语重复的原因各不相同，但归根结底都和人物自身的心理特征与社会身份相关。

在契诃夫的许多作品中，作者通过句法重复手段使所塑造的形象获得象征性意义。“事物的象征意义并非消极的、死板的映像，而是承载了现实本身的力量，因为一旦接收到的映像在意识中得到加工处理，在思想中得以分析，与其他所有偶然的、无关紧要的事物区别开，它就不再简单的只是事物表面感官性的映像，而是其内部规律性的体现。”（Лосев 1976：65）在契诃夫的作品中，除了明显表达出来的带有事物象征意义的细节外，还有许多随机性的、带有潜藏意义的细节。他对这类细节加以强调，将其提升为象征性符号，来帮助揭示人物的内心世界、他们的心理状态、社会属性本质及其生活的发展动态。小说《黑修士》就是一个典型的例子，句法重复的具体形式体现为带有相近句法结构的情节片段的再现。

黑修士形象的首次出现是在柯甫陵向达尼雅讲述的传说中：“一千年前，有个穿着黑衣的修士在叙利亚或者阿拉伯的荒漠上行走……”，这个黑修士的幻影时而出现在世界各个地方甚至走出地球，并且时隔一千年他又会回到地球上来。当黑修士从传说中多次出现在柯甫陵眼前时，作者细致地描写了黑修士的衣着、外貌、动作姿态、表情神态：

(5) ***Монах в черной одежде, с седою головой и черными бровями, скрестив на груди руки, пронесся мимо...*** *Босые ноги его не касались земли. Уже пронесясь сажени на три, он оглянулся на Коврина,* ***кивнул***

головой и улыбнулся ему ласково и в то же время лукаво. Но какое бледное, страшно бледное, худое лицо! *Опять начиная расти, он пролетел через реку, неслышно ударился о глинистый берег и сосны и, пройдя сквозь них, исчез как дым. («Черный монах» Чехов, 1894)*

一个修士，穿着黑衣服，满头白发，两道黑眉毛，胳膊交叉在胸前，飞也似的闪过去了……他的光脚没碰到地面。他已经飞出两三俄丈远，却回过头来看柯甫陵一眼，对他点头，向他亲切而又狡猾地微微一笑。可是那张瘦脸多么苍白，苍白得可怕！他又渐渐变得越来越大，飞过河去，不出声地撞在黏土岸坡和松树上，钻进去，像烟子般消失了。(《黑修士》，汝龙译)

(6) *Едва он вспомнил легенду и нарисовал в своем воображении то темное привидение, которое видел на ржаном поле, как из-за сосны, как раз напротив, вышел неслышно, без малейшего шороха,* ***человек среднего роста с непокрытою седою головой, весь в темном и босой, похожий на нищего, и на его бледном, точно мертвом лице резко выделялись черные брови. Приветливо кивая головой,*** *этот нищий или странник бесшумно подошел к скамье и сел, и Коврин узнал в нем черного монаха. Минуту оба смотрели друг на друга – Коврин с изумлением,* ***а монах ласково и, как и тогда, немножко лукаво, с выражением себе на уме.*** *(«Черный монах» Чехов, 1894)*

他刚刚回想那个传说，在想象中描绘他在黑麦田里见过的那个黑色幽灵，不料从正对面一棵松树后面，无声无息，不带一丁点响声地走出来一个中等身材的人，满头白发，没戴帽子，一身黑衣服，光着脚，像是个乞丐。在他那苍白得像死人一般的脸上，两道黑眉毛特别显眼。这个乞丐或者香客，不出声地走到长凳这边来，客气地点点头，坐下来，柯甫陵认出他就是黑修士。两个人互相看了一会儿，柯甫陵感到惊愕，修士却显得亲

切，而且跟上次一样带点狡猾的样子，现出胸有成竹的神情。(《黑修士》，汝龙译)

(7) *Черный высокий столб, похожий на вихрь или смерч, показался на том берегу бухты. Он с страшною быстротой двигался через бухту по направлению к гостинице, становясь все меньше и темнее, и Коврин едва успел посторониться, чтобы дать дорогу... **Монах с непокрытою седою головой и с черными бровями, босой, скрестивши на груди руки, пронесся мимо и остановился среди комнаты**. («Черный монах» Чехов, 1894)*

海湾的对岸，出现了一根又黑又高的柱子，像是一股旋风或者龙卷风。它飞快地越过海湾往旅馆这边移动，变得越来越小，越来越黑，柯甫陵几乎来不及给它让开路……那个满头白发，没戴帽子，长着两道黑眉毛，光着脚的修士两条胳膊交叉在胸前，飞过他身旁，在房间中央站住。(《黑修士》，汝龙译)

契诃夫曾在私人书信中说过，《黑修士》是一篇“医学小说”“写了一个害自大狂的年轻人”。小说传达了把平凡视为人们生活准则的思想，反对人的等级划分，反对将世界分为平凡人的世界和天才的世界。在这个主旨思想的确立中，黑修士形象发挥了重要作用。作者在黑修士的幻影数次出现在柯甫陵面前的情节里使用了相似的句法结构刻画幻影的形象：满头白发、没戴帽子、黑衣、光脚、胳膊交叉、苍白的脸、脚不沾地地飞过、亲切狡猾的微笑。幻影的第一次出现带着“诱惑”柯甫陵的目的：“他已经飞出两三俄丈远，却回过头来看柯甫陵一眼，对他点头，向他亲切而又狡猾地微微一笑。”第二次出现时，黑修士开始向柯甫陵灌输他是天选之人的想法：“有少数人被公正地称为上帝的选民，你就是其中的一个。”其后数次与修士幻影的交谈使柯甫陵更加确信自己的不平凡。当柯甫陵开始接受治疗、与达尼雅和岳父关系逐渐破裂直到离开达尼雅与另一个女人生活在一起后，他似乎要从自己是天选之人的想法中解脱出来了，然而黑修士最后一次出现指责柯甫陵为何不相信他，柯甫陵终于带着自己是天才的念头死去了。实际上，多次出现的黑修士幻影正是柯甫陵潜意识深处的“另一个自己”，他始终没有放弃自己有着不平凡天赋的想法，并陷入精神错乱的状态。最终“天才”幻灭，柯甫陵“那衰弱的人的肉体已经失去平衡，不能再充当天才的外壳了。”在作者眼中，“平凡”和“普通”绝不是“平庸”，契诃夫借用黑修士形象，向读者传达了他对自命不凡的“自大狂”不以为然的态度。

在这篇小说中，除了黑修士的幻影形象反复出现，还有一个情节的重复也被作者赋予了象征性意义：

(8) *Однажды после вечернего чая он сидел на балконе и читал. В гостиной в это время Таня – сопрано, один из барышень – контральто и молодой человек на скрипке разучивали известную серенаду Брага. Коврин вслушивался в слова – они были русские – и никак не мог понять их смысла. Наконец, оставив книгу и вслушавшись внимательно, он понял:* ***девушка, больная воображением, слышала ночью в саду какие-то таинственные звуки, до такой степени прекрасные и странные, что должна была признать их гармонией священной, которая нам, смертным, непонятна и потому обратно улетает в небеса.*** *У Коврина стали слипаться глаза. Он встал и в изнеможении прошелся по гостиной, потом по зале. Когда пение прекратилось, он взял Таню под руку и вышел с нею на балкон. («Черный монах» Чехов, 1894)*

有一天傍晚，喝过茶后，他坐在露台上看书。这时候，在客厅里，达尼雅唱女高音，另一位小姐唱女低音，青年男子拉小提琴，三个人正在练习勃拉加的著名的小夜曲。柯甫陵听着歌词，那是俄文歌词，他却无论如何也听不懂歌词的意思。最后他放下书，专心听，才听懂了：原来有个姑娘凭着病态的想象，一天晚上在花园里听到某种神秘的声音，它非常美妙，奇特，使人只能认为这是神圣的和声，总之，我们凡人听不懂，因此它飞回天上去了。柯甫陵的眼睛开始合上。他站起身来，疲乏地在客厅里走来走去，后来又到大厅里走动。等到歌声停止，他便挽住达尼雅的胳膊，跟她一块儿走到露台上。(《黑修士》，汝龙译)

(9) *Вдруг в нижнем этаже под балконом заиграла скрипка, и запели два нежных женских голоса. Это было что-то знакомое. В романсе, который пели внизу, говорилось о какой-то* ***девушке, больной воображением, которая слышала ночью в саду таинственные звуки и решила, что это гармония священная, нам, смертным, непонятная…*** *У Коврина захватило дыхание, и сердце сжалось от грусти, и чудесная, сладкая радость, о которой он давно уже забыл, задрожала в его груди. («Черный монах» Чехов, 1894)*

忽然，阳台下面那层楼里，有人开始拉小提琴，两个女人的柔和声调唱起来。那是一首他熟悉的歌。楼下所唱的那首抒情歌曲讲到一个姑娘带着病态的幻想，夜间在花园里听到一些神秘的声音，就断定那是天神的和声，我们凡人是听不懂的……柯甫陵屏住呼吸，他的心忧郁地收紧，胸膛里激荡着一种他早已忘却的美妙甜蜜的欢乐。(《黑修士》，汝龙译)

这首歌曲第一次出现在柯甫陵向达尼雅讲述黑修士传说之前。歌词中的姑娘和柯甫陵本人有着极为相似之处：病态的想象、听到凡人听不懂的神秘的声音、认为那是天神的和声。正是这首歌激发了柯甫陵内心深处的自命不凡，他开始不断回忆关于黑修士的传说，不断地见到黑修士的幻影。在故事尾声处这首歌曲再次出现。原本柯甫陵已经意识到自己是个平常普通的人，并且“每个人都应当满足于他本来所处的地位”，然而当他又听到这熟悉的旋律以至于“胸膛里激荡着一种他早已忘却的美妙甜蜜的快乐”时，黑修士最后一次出现在了他的眼前。歌曲前后两次的出现都是柯甫陵陷入精神错乱的征兆。作者用这首歌暗示柯甫陵内心深处始终没有完全放弃自己是天才的想法，向读者透露了柯甫陵最后的结局。

4.3 结构-修辞手段

现代语言学对语言形象表达手段——修辞格（стилистические фигуры）的研究主要关注转喻和句法辞格在言语中的规律及功能化机制，比如从语篇语言学角度研究两者的语篇构建能力，在结构-系统层面研究句法辞格的分类，等等。传统上之所以将语言形象表达手段分为转喻和句法辞格，是因为两者之间存在本质区别，处于不同言语结构层面：转喻是词汇-语义层面的现象，句法辞格是句法层面的现象。（Корольков 1973：84）转喻指将词、词组或短语用于转义，其依据是意义上的相似性和邻接性。（Кузнецов 2000：1347）广义的转喻包括：寓喻、引喻、夸张、贬小、隐喻、换喻、逆饰、拟人、迂说、象征、提喻、明喻等。句法辞格是一种言语组合手段，以达到增强言语表现力为目的，包括句首重叠、错格、对照、感叹、语音重叠、递进、换义法、加词法、连词叠用、倒装、呼语、平行结构、分割结构、近音辞格、列举、圆周句、赘语、重叠、简化、省略暗示、回环、句尾重叠等。（Маклакова 2010：98）

上述转喻及句法辞格的不同类型与中性的言语表述组织手段不同，它们在语篇中的功能范围没有后者那么广，并且它们的运用多少受到一定的限制，比如只能用于特定的语体，或只能发挥少数作用。（Гальперин 2018：127）但毫无疑问，这些修辞手法为文学语篇提供了形象性表达的众多选择。它们的选用取决于作者个人风格与偏好，但并非所有的修辞手法都可以间接表达隐性意思，部分手法单纯用于增添文字的表现力和感染力。

本书所研究的语篇隐含的存在范围是语篇微观上下文，即小语境。因此，它并非仅涉及单个的词或句子，而是涉及由语篇情景决定的语篇片段。对于契诃夫小说作品而言，除了通过词的转义和句子结构手段来加强言语表现力之外，在大于句子层面上的行文布局手法也能够加强语言表现力和修辞效果。因此，笔者选取了契诃夫小说中较为常见的能够通过行文布局来构建语篇隐含的结构–修辞手段（композиционно-стилистические приемы）进行例文分析。这类修辞手段既可以作用于句子范围内，也可以作用于大于句子的单位如超句体或由多个超句体组成的更大语篇单位范围内。

4.3.1 段落的划分

段落是书面言语里两个另起一行之间的片段。尽管一些学者认为段落在语篇中“发挥着超句体或复杂句法整体的功能”（Ахманова 2004：27），但实际上，段落和超句体属于两个不同的范畴。超句体既是语言单位，又是言语单位，属于语言范畴。而段落是一种结构–修辞单位（композиционно-стилистическая единица），属于“修辞–语义范畴”（Лосева 1969：92）。超句体的划分依据“首先是逻辑和语义”，其内部所有句子都围绕一个共通的小主题。而段落的划分“不仅仅从逻辑、语义上着眼，而且还从修辞上着眼”。（吴贻翼等 2003：137）超句体有独特的结构组织形态，由两个以上句子构成。而组成段落的句子在数量上没有限制，可以是一个句子，也可以是多个句子。

段落的长短没有标准和规律可言，通常由语篇创作者根据语篇的语用宗旨和作者的语用宗旨来划分。一方面，段落的划分是一个客观过程，与语篇自身的体裁类型及语篇任务密切相关。另一方面，段落的划分是一个主观过程，取决于作者的创作意图，“承载着作者本人的主观交际任务，体现作者对所叙述内容的态度”，同时也能够体现作品的修辞倾向，“反映作者的世界观、创作特性、写作手法和艺术构思”。（王辛夷 2010：31，33）

正因为段落的划分具有明显的主观性，它能够用作一种语篇隐含语义的语言表达手段。一般情况下，段落在语篇中会通过另起一行的形式告知读者前文思想的结束和后文新思想的开始。此时，作者能够借助段落的划分使叙述出现短暂中断，提醒读者叙述内容的切换、故事情节的推进或叙述视角的改变。例如：

(1) ... *Зато мой Петр Петрович, у которого еще со студенчества осталась манера всякий разговор сводить на спор, говорил скучно, вяло и длинно, с явным желанием казаться умным и передовым человеком. Жестикулируя, он опрокинул рукавом соусник, и на скатерти образовалась большая лужа, но, кроме меня, казалось, никто не заметил этого.*

Когда мы возвращались домой, было темно и тихо.

– Хорошее воспитание не в том, что ты не прольешь соуса на скатерть, а в том, что ты не заметишь, если это сделает кто-нибудь другой, – сказал Белокуров и вздохнул. – Да, прекрасная, интеллигентная семья. Отстал я от хороших людей, ах как отстал! А всё дела, дела! Дела! («Дом с мезонином» Чехов, 1895)

…… 可是我的彼得·彼得罗维奇从大学时代起就养成习惯，喜欢把一切谈话都变成争论，而且讲起话来枯燥无味，疲沓冗长，明明要显出他自己是个聪明进步的人。他比划手势，而他的袖子却带翻了佐料碟，弄得桌布上湿了一大摊，不过除了我以外，好像谁也没看见似的。

我们回家的路上，黑暗而清静。

“良好的教养不是表现在自己不把佐料碟碰翻在桌布上，而是表现在别人做出了这样的事，自己只作不看见。”别洛库罗夫说，叹了口气，“是啊，这是很好的、有知识的一家人。我已经跟上流人隔绝了，唉，完全隔绝了！而这全是因为工作，工作啊！”（《带阁楼的房子》，汝龙译）

在小说《带阁楼的房子》中，作者除了将人物对话通过单独的段落来呈现外，少有安排特别简短的段落出现。但小说存在几处由一句话构成的段落夹在较长段落中间的情形，如例（1）中被独立出来的段落。例文中第一段讲述的是主人公与友人别洛库罗夫在沃尔恰尼诺娃家中做客用餐的场景，第三段讲述的是两人离开主家之后的谈话。中间第二段则用一句话交代了晚餐已结束，故事的场景发生了转换。通过划分简短的独立段落，作者能够避免以平铺直叙的方式或冗长的叙述向读者呈现故事情节的推进，取而代之的是以精简的笔法向读者传递客观事实内容信息。

此外，通过段落的划分，作者也能够向读者间接传递主观感情评价信息，例如：

(2) *Рашевич был возбужден и говорил с чувством. Глаза у него блестели, pince-nez не держалось на носу, он нервно подергивал плечами, подмигивал, а при слове «дарвинист» молодцевато погляделся в зеркало и обеими руками расчесал свою седую бороду ...*

Вообще он любил поговорить, и всегда ему казалось, что он говорит нечто новое и оригинальное ... Вообще знакомые не любили Рашевича, чуждались его и, как было известно ему, рассказывали про него, будто он разговорами вогнал в гроб свою жену, и называли его за глаза ненавистником и жабой...

И теперь, наслаждаясь своими мыслями и звуками собственного голоса и с удовольствием поглядывая на умеренно полного, красиво подстриженного, приличного Мейера, Рашевич мечтал о том, как он пристроит свою Женю за хорошего человека и как потом все заботы по имению перейдут к зятю… («В усадьбе» Чехов, 1894)

拉谢维奇情绪激动，讲得动了感情。他的眼睛发亮，夹鼻眼镜在鼻子上架不稳了。他兴奋地耸动肩膀，眨巴眼睛，讲到“达尔文主义者”这几个字的时候，就雄赳赳地照一照镜子，伸出两只手理顺他的白胡子……

一般来说他喜欢谈话，总是自以为说出了什么新颖独到的见解……总的来说，拉谢维奇的熟人都不喜欢他，疏远他，说他闲话太多，竟把妻子赶进了坟墓，这种议论他自己也知道，大家背地里都说他心眼恶毒，叫他癞蛤蟆……

这时候，拉谢维奇欣赏着自己的思想和声调，满意地瞧着身材胖得不算过分、头发剪得好看、举止彬彬有礼的梅耶尔，心里盘算着怎样把他的任尼雅嫁给一个好人，然后把他在田产上急于要办的事怎样移交给他的女婿……(《在庄园里》，汝龙译)

小说《在庄园里》以主人公拉谢维奇在客人梅耶尔面前的一番高谈阔论开头。拉谢维奇对博爱和平等的思想大肆嘲讽，极力吹捧贵族身份和血统。作者在第一段里对拉谢维奇讲话时的动作和神态进行了描写，在第三段里对拉谢维奇讲话时的心理活动进行了刻画。而第二段的叙述角度明显不同于前后两段，作者人为地把周围人对拉谢维奇的态度安排为独立段落的内容，为的是从他人视角完善对主人公形象的塑造，并将自己对人物的评价态度隐于其中。读者从前文拉谢维奇关于贵族与平民的言论以及周围人把拉谢维奇叫作“癞蛤蟆”等细节，不难察觉出作者对拉谢维奇的价值观念持否定批判态度。作者以独立段落的方式短暂中断了故事情节的叙述，将自己对人物的主观评价态度含蓄地告知读者。

段落的长短很大程度上取决于作者的主观创作意图。常常被用作一种“对读者加强感染功能的手段，即一种帮读者更充分、更有效接收信息的手段。”(Левковская 1980：75) 如果一部作品通篇都是较长的段落，那么突然之间出现极为精简的段落则一定是作者出于某种目的刻意安排。

例如：

(3) *Свежих людей редко видят в палате № 6. Новых помешанных доктор давно уже не принимает, а любителей посещать сумасшедшие дома немного на этом свете. Раз в два месяца бывает во флигеле Семен Лазарич, цырюльник. Как он стрижет сумасшедших и как Никита помогает ему делать это, и в какое смятение приходят больные всякий раз при появлении пьяного улыбающегося цырюльника, мы говорить не будем.*

Кроме цырюльника никто не заглядывает во флигель. Больные осуждены видеть изо дня в день одного только Никиту.

Впрочем, недавно по больничному корпусу разнесся довольно странный слух.

Распустили слух, что палату № 6 будто бы стал посещать доктор.

V

Странный слух!

Доктор Андрей Ефимыч Рагин -- замечательный человек в своем роде. Говорят, что в ранней молодости он был очень набожен и готовил себя к духовной карьере, и что, кончив в 1863 году курс в гимназии, он намеревался поступить в духовную академию, но будто бы его отец, доктор медицины и хирург, едко посмеялся над ним и заявил категорически, что не будет считать его своим сыном, если он пойдет в попы... («Палата № 6» Чехов, 1892)

第六病室里很难见到新人。医师早已不收疯人了。再者，世界上喜欢访问疯人院的人总是很少的。每过两个月，理发师谢苗·拉扎里奇就到这个厢房里来一趟。至于他怎样给那些疯人理发，尼基达怎样帮他的忙，这个醉醺醺、笑嘻嘻的理发师每次光临的时候病人怎样大乱，我就不愿意再描写了。

除了理发师以外，还从来没有一个人来看一看这个厢房。病人们注定了一天到晚只看见尼基达一个人。

不过近来，医院主楼里却在散布一种相当奇怪的流言。

风传医师开始常到第六病室去了。

五

奇怪的流言！

安德烈·叶菲梅奇·拉京医师从某一点来看是一个与众不同的人。据说他年纪很轻的时候十分信神，准备干教士的行业。一八六三年在中学毕业的时候，他有心进一个宗教学院，可是他父亲，一个内外科的医师，似乎刻薄地挖苦他，干脆声明说，要是他去做教士，就不认他做儿子……（《第六病室》，汝龙译）

小说《第六病室》的行文除了人物对话部分之外，通常段落较长，由复杂句式构成，叙述详细且内容丰富。但在第四节结尾处却有相邻的两段仅由一句话构成，第五节的第一段也仅有一个句子，第二段又恢复了详细的叙述。在前后文都是长段落的情况下突然出现了极为精简的段落，并且伴有“*странный*”“*слух*”的词汇重复，这与作品其他部分的叙述风格截然不同。作者如此安排，意在告知读者叙述在此处发生转折，并且转折之后的内容是更为重要的新内容。集中出现的精简段落一方面加强了情节氛围的紧张感，通过三个单句段落达到了吸引读者注意力的目的，使读者更有效地接收到语篇信息；另一方面突出强调了流言的荒谬，流露出作者本人对流言内容的评价态度。

4.3.2 对照

对照（антитеза）是“通过概念、观点、形象、状态的强烈反差以增强表现力的一种对比修辞手法”（Матвеева 2003：18），是“把人物性格、事物特征、事件进程和与之相反的人物、事物、事件进行比较的一种鲜明的形象表达手段”（Гвоздев 1965：54）。这种形象表达手段的美学价值在于，被对照的两个部分互相阐释和渲染，将作者要表达的思想以压缩的形式呈现，同时提升了作品的表现力。（Филиппов 2002：87）对照通常借助反义符号进行不同类型“（时空）延续体（континуум）”及“语义空间”（温度、颜色、时间、空间、道德及审美评价等等）的某种分离、划分和限制。（Новиков 1973：45）其具体实现形式为语义相反的词的组合运用。对照在文学语篇中一般发挥如下功能：强调、区分所描绘客体的不同体现（人物、事物和现象的不同特点），可以是对比同一个客体在不同方面的体现，或两个客体在同一方面的不同体现。（Сазонова 2010：156–157）

在契诃夫的小说中，对照首先用于人物外貌特征、性格特点、状态及内心感受的刻画。例如：

(1) *На вокзале Николаевской железной дороги встретились два приятеля: один* ***толстый***, *другой* ***тонкий***. *Толстый только что пообедал на вокзале, и губы его, подернутые маслом, лоснились, как спелые вишни. Пахло от него хересом и флер-д'оранжем. Тонкий же только что вышел из вагона и был навьючен чемоданами, узлами и картонками. Пахло от него ветчиной и кофейной гущей. Из-за его спины выглядывала худенькая женщина с длинным подбородком – его жена, и высокий гимназист с прищуренным глазом – его сын. («Толстый и тонкий» Чехов, 1883)*

尼古拉铁路一个火车站上，有两个朋友相遇：一个是胖子，一个是瘦子。胖子刚在火车站上吃过饭，嘴唇上沾着油而发亮，就跟熟透的樱桃一样。他身上冒出白葡萄酒和香橙花的气味。瘦子刚从火车上下来，拿着皮箱、包裹和硬纸盒。他身上冒出火腿和咖啡渣的气味。他背后站着一个长下巴的瘦女人，是他的妻子。还有一个高身量的中学生，眯细一只眼睛，是他的儿子。(《胖子和瘦子》，汝龙译)

小说《胖子和瘦子》用极其简洁精练的语言塑造了四个栩栩如生的人物形象。主要人物是在火车站相遇的一胖一瘦两个儿时的朋友。"толстый"和"тонкий"这组反义词向读者勾勒出人物的第一印象，并且暗示读者这必然是截然相反的两个形象。接着，作者通过描写两人身上散发的气味、携带的行李进行细节补充，体现两人的具体差别。胖子吃得多，脑满肠肥，"白葡萄酒和香橙花的气味"表明他的饮食档次较高。瘦子"冒着火腿和咖啡渣的气味"，与胖子相比，他的饮食档次低了许多，暗示了两人处于不同的经济地位和社会地位。

(2) *В нем было два человека. Как адвокату, ему случалось вести дела грубые, в суде и с клиентами он держался высокомерно и выражал свое мнение всегда* ***прямо*** *и* ***резко****, с приятелями покучивал грубо, но в своей личной интимной жизни, около близких или давно знакомых людей он обнаруживал необыкновенную деликатность, был* ***застенчив*** *и* ***чувствителен*** *и не умел говорить прямо. («У знакомых» Чехов, 1898)*

在他身上有两个人。他，作为律师，有的时候办粗俗的案子，在法庭上对待当事人态度傲慢，老是直率而尖锐地发表自己的见解，对待朋友也毫不客气；然而在他个人的私生活里，在亲近的或者早已熟识的人们身边，他却表现出异乎寻常的体贴态度，他腼腆，容易动感情，不会直截了当地说话。(《在朋友家里》，汝龙译)

例文是对《在朋友家里》主人公波德果陵的性格描写。在不同的场合面对不同人群，他所体现出来的言行举止和待人接物的态度是截然相反的，"*прямо*""*резко*"和"*застенчив*""*чувствителен*"反映了他性格上的两面性。此处对波德果陵性格的刻画为后文他“逃离”库兹明吉庄园埋下了伏笔。塔吉雅娜一家和瓦丽雅是他十多年前熟识且亲近的人，原本他在与她们的相处中应当也是体贴而腼腆的。然而十多年过去了，他对她们的现状不熟悉、不理解，尤其是塔吉雅娜的丈夫后来总要让波德果陵来为自己的债务问题出主意，使得波德果陵刻意回避去朋友那里。最终，在谢尔盖又一次向他求助并借钱之后，他直白且尖锐地向谢尔盖指出他的轻浮懒散和装腔作势，就像在法庭上对待当事人一样。这种态度的转变暗示了波德果陵与老朋友们之间的关系已经发生了质的改变，不再像以前那样亲密无间了。

(3) *Подгорин улыбался ей и девочкам, но ему было странно, что эта здоровая, молодая, неглупая женщина, в сущности такой большой,* ***сложный*** *организм, всю свою энергию, все силы жизни расходует на такую* ***несложную****, мелкую работу, как устройство этого гнезда, которое и без того уже устроено. («У знакомых»* Чехов, *1898)*

波德果陵对她和那些小姑娘不住地微笑，可是他觉得奇怪：这个健康、年轻、并不愚蠢的女人实际上是个巨大而复杂的机体，却把她的全部精力，全部生命的力量都消耗在这种不复杂的琐碎的工作上，例如建立这个窝，其实这个窝不用她操心也已经建成了。(《在朋友家里》，汝龙译)

波德果陵与朋友们之间距离的产生主要体现在他对朋友一家日常生活方式和价值取向的不认同。他无法理解塔吉雅娜对丈夫的过分紧张和宠爱、时时刻刻捍卫爱情和家庭、为孩子而忧虑的这种心态，也无法理解“复杂的”塔吉雅娜总把自己的精力耗费在那些“不复杂的”琐碎事情上。通过对照体现人物内心感受的还有：

(4) *Они пошли в сад: он* ***недовольный****, с* ***досадным*** *чувством, не зная, о чем говорить с ней, а она* ***радостная****,* ***гордая*** *его близостью, очевидно* довольная, *что он проживет здесь еще три дня, и полная, быть может,*

сладких грез и надежд. («У знакомых» Чехов, 1898)

他们就走进花园。他心里不满意，带着懊恼的感情，不知道该跟她谈什么好。她呢，高高兴兴，由于他跟她亲近而得意，显然由于他还要在这儿住三天而感到满意，也许还充满甜蜜的幻想和希望呢。(《在朋友家里》，汝龙译）

波德果陵对朋友的妹妹娜杰日达只想着爱情、想快些出嫁、生儿育女的心态同样不认同，并且他觉得朋友们为了促使两人结婚故意制造他们独处的机会，这令他十分懊恼，觉得自己被窥伺、被安排，因而完全不想和娜杰日达亲近。与他相反，娜杰日达却满怀憧憬和希望。两人心理状态的反差更加体现了波德果陵现如今与库兹明吉庄园里的一切都格格不入。

(5) *Когда в лунные ночи Подгорин смотрел на небо, то ему казалось, что* ***бодрствуют*** *только он да луна, всё же остальное* ***спит*** *или* ***дремлет****... («У знакомых» Чехов, 1898)*

每逢月夜，波德果陵瞧着天空，总觉得只有他和月亮没有睡觉，其他的一切都睡熟了，或者在打盹儿……(《在朋友家里》，汝龙译）

例文中行为动作的对立强调了人物的内心感受，凸显了波德果陵的孤独感。

综合来看，契诃夫小说中对照手法的运用主要用于强调人物角色外部特征的反差，包括外貌、衣着、年龄、言行举止等方面的特征；反映人物角色内部世界的对立，包括情感体验、情绪感受、心理状态等方面。

4.3.3 平行结构

作为修辞学术语的平行结构（параллелизм），也称作对称（симметрия）或排比，指“言语作品中形象、主题等之间的联系，这种联系通过相似成分的相同排列布局来体现；相似句子成分在两个或更多个句子中的相同布局”。（Ахманова 2004：311）在语篇中，平行结构体现为句子或句子的一部分重复出现在超句子统一体或段落中，重复的部分在语法和语义结构上相同或相似。“平行结构反映在情节构建中、动作主体和客体的特点描述中以及叙述主题的串连中。”（Якобсон, Поморска 1988：523）这类结构既可以出现在作者叙述言语层面，也可以出现在人物言语层面。平行结构不仅用于列举、对照、比较和更进一步的详细说明，增强行文表现力和情感色彩，也可以用作传递潜在信息的手段，比如人物性格特点和行为特征的间接塑造。例如：

(1) *Ирония Орлова и его друзей не знала пределов и не щадила никого и ничего.* ***Говорили о религии – ирония, говорили о философии, о смысле и целях жизни – ирония, поднимал ли кто вопрос о народе – ирония.*** *В Петербурге есть особая порода людей, которые специально занимаются тем, что вышучивают каждое явление жизни; они не могут пройти даже мимо голодного или самоубийцы без того, чтобы не сказать пошлости.(«Рассказ неизвестного человека» Чехов, 1893)*

奥尔洛夫和他的朋友们的讥诮是漫无边际的，他们不放过任何人和任何事情。他们谈到宗教，总讥诮一阵，谈到哲学，谈到生活的意义和目标，又是一阵讥诮。要是有人提起老百姓，也还是讥诮一阵。彼得堡有一批特殊人物，专门嘲笑生活中的每一种现象。他们连挨饿的人或者自杀的人也不肯放过，总要说上几句庸俗的话。（《匿名氏故事》，汝龙译）

小说《匿名氏故事》讲述了文官奥尔洛夫和情人齐娜伊达·费多罗芙娜之间的情感纠葛。例文是对奥尔洛夫与三位朋友聚会聊天场景的描写，作者采用相似句子成分的排列来列举前文中奥尔洛夫和朋友们讥诮任何人和事这一行事作风的具体行为，这样的谈话在作者看来是“极可憎的”。对仗工整的句式与上下文的句子结构之间有明显的区别，加强了行文的讽刺意味。

(2) *"Зинаида Федоровна в простоте сердца хочет заставить меня полюбить то, от чего я прятался всю свою жизнь. Она хочет, чтобы у меня в квартире пахло кухней и судомойками;* ***ей нужно с шумом перебираться на новую квартиру****, разъезжать на своих лошадях,* ***ей нужно считать мое белье и заботиться о моем здоровье; ей нужно каждую минуту вмешиваться в мою личную жизнь и следить за каждым моим шагом,*** *и в то же время искренно уверять, что мои привычки и свобода останутся при мне. Она убеждена, что мы, как молодожены, в самом скором времени совершим путешествие, то есть она хочет неотлучно находиться при мне и в купе, и в отелях, а между тем в дороге я люблю читать и терпеть не могу разговаривать."(«Рассказ неизвестного человека» Чехов, 1893)*

"齐娜伊达·费多罗芙娜心地单纯，要我喜欢那些我生平避之唯恐不及的东西。她希望我的住宅里有厨房和抹布的气味。她要热热闹闹地搬到一个新住处去，坐着自己的马车出去兜风；她要照管我的内衣，为我的健康操心；她要每一分钟都干预我的私生活，注意我走的每一步路，同时又向我诚心诚意地担保，我仍然保留着我的习惯和自由。她打定主意，我们应当马上照年轻的新婚夫妇那样出去旅行一趟，那就是说，不管在火车的包房里也好，在旅馆里也好，她都要守着我，寸步不离。可是我却喜欢在旅途上看书，要我谈话我可受不了。"(《匿名氏故事》，汝龙译)

奥尔洛夫对朋友们吐露齐娜伊达搬来同居后对自己生活的方方面面都进行干预，想要表达的潜在意思是，她的这种无微不至的照管使自己觉得窒息，失去了自由的感觉。奥尔洛夫十分详尽地列举了与齐娜伊达同居生活中的一连串细节，与其说是他在单纯地表达抱怨的情绪，不如说是他在对自己想要摆脱与齐娜伊达之间的情人关系进行辩白。

需要注意的是，平行结构与重复是两种不同的语言手段。两者既有相似之处，也存在本质区别。两者相似在于具体表现形式都是句子成分的并列布局及重复出现。区别在于平行结构中的重复成分是为了从多个角度对所描述客体进行更为详尽的说明，可以起到使语气逐渐增强、情感逐渐强烈的作用；而重复只是单纯的再现和强调，并没有起到层层递进的效果。笔者用例文（3）和例文（4）的对比来体现句法重复和平行结构的区别：

（3）*"... **Она и мила, и прелестна**, – кто спорит? Но она перевернула телегу моей жизни; то, что до сих пор я считал пустяком и вздором, она вынуждает меня возводить на степень серьезного вопроса, я служу идолу, которого никогда не считал богом. **Она и мила, и прелестна**, но почему-то теперь, когда я еду со службы домой, у меня бывает нехорошо на душе, как будто я жду, что встречу у себя дома какое-то неудобство, вроде печников, которые разобрали все печи и навалили горы кирпича... "(«Рассказ неизвестного человека» Чехов, 1893)*

"……她又可爱又娇媚，这一点有谁否认？可是她把我的生活秩序打乱了，她硬逼着我把我以前一直认为是琐碎无聊的事提高到严肃问题的水平。我在对偶像顶礼膜拜，可我从来不认为它是神。她又可爱又娇媚，可是不知什么缘故，现在我下班回家，心绪总是不好，仿佛我预料会在家里遇到什么不方便的事，例如砌炉工人拆掉炉子，把砖头堆成了山……"（《匿名氏故事》，汝龙译）

例文（3）属于句法重复。内容仍然是奥尔洛夫和朋友们谈论齐娜伊达与丈夫决裂搬来和自己同居的情节。他毫不掩饰地向朋友们表示自己并不希望与她同居，认为女人离开父母或丈夫投奔心爱男人的行为是毫无意义的。"*она и мила, и прелестна*"出现了两次，但仅是简单的重复，奥尔洛夫单纯地想强调齐娜伊达对自己仍然有吸引力，但话锋一转又埋怨她打乱了自己的生活。

(4) “... ***Вы боитесь свободы и насмехаетесь над честным порывом из страха****, чтобы какой-нибудь невежда не заподозрил, что вы честный человек.* ***Вы боитесь показывать меня своим знакомым****, для вас нет выше наказания, как ехать вместе со мною по улице... Что? Разве это не правда? ...”(«Рассказ неизвестного человека» Чехов, 1893)*

“……您怕自由，嘲笑纯正的热情，因为您怕无知之徒怀疑您不是正人君子。您不敢把我介绍给您的朋友，您觉得再也没有比陪我一块儿上街更苦的事了……怎么样？难道这不是实情？……”（《匿名氏故事》，汝龙译）

例文（4）则属于平行结构。在齐娜伊达与奥尔洛夫的一次激烈谈话中，她指责奥尔洛夫为人不诚恳、不正派，“*вы боитесь*”出现了两次，紧随其后的内容是从不同角度对*бояться*对象内容的补充说明，层层递进，体现出齐娜伊达因奥尔洛夫对待自己的态度感到强烈不满。在人物言语层面出现的平行结构，除了列举细节之外，往往也伴随着越来越强烈的个人情绪。

在作者言语层面出现的平行结构，可以传递作者本人对于笔下人物的感情评价色彩。例如：

(5) ***Она постоянно любила кого-нибудь и не могла без этого****. Раньше* ***она любила своего папашу****, который теперь сидел больной, в темной комнате, в кресле, и тяжело дышал;* ***любила свою тетю****, которая иногда, раз в два года, приезжала из Брянска; а еще раньше, когда училась в прогимназии,* ***любила своего учителя французского языка****.(«Душечка» Чехов, 1899)*

她老得爱一个人，不这样就不行。早先，她爱她爸爸，现在他害了病，在一个黑房间里坐在一把圈椅上，呼吸困难。她还爱过她的姑妈，往常她姑妈隔一年总要从布良斯克来一回。再往前推，她在上初级中学的时

候，爱过她的法语教师。(《宝贝儿》，汝龙译)

小说《宝贝儿》的女主人公奥莲卡需要时时刻刻都把自己的满腔爱意寄托在什么人身上。每当她爱上一个人，就开始全盘接纳那个人的想法和观念，模仿那个人的言语和行为。若是离开了她所爱的人，她就什么见解都没有了。从本质上来讲，奥莲卡是个内心柔软又善良的人，但她对周围的事物形成不了自己的看法，没有自我。用作者的话说，“她需要的是那种能够抓住她整个身心、整个灵魂、整个理性的爱，那种给她思想、给她生活方向、温暖她的老血的爱。”例文中，作者用几个由动词любила组成的平行句式列举了奥莲卡对爸爸、姑妈和法语老师萌生过爱意这些事，流露出对奥莲卡缺少独立思想和缺乏自我意识的一种善意的讽刺。

4.4 本章小结

存在于语篇微观上下文中的语篇隐含语义体现为信息以非常规形式的间接表达。语篇隐含语义的语言表达手段丰富多样，首先区分出语言手段和超语言手段。鉴于语言是语篇的本原，语篇中从音位到复杂语篇构成这些所有物质实体都依赖于语言，必须承认语言手段在语篇意思结构中起着决定性作用。因而本章着重论述了不同语言层级体系中语篇隐含语义表达的语言手段。

语言手段在语篇中的实义化是其被用于语篇隐含构建的基础。进入语篇的词汇单位具有融形态、语义、语用、交际特征于一体的能力，其意义从普遍的词典意义变成了个体化的、具有形象塑造潜能的意义，与其他层级单位的结合极大地增强了意义生成效果。比如，词的伴随意义成分使语篇接收者根据词的所指意义结合上下文语境联想到在性质、功能、形状等方面相似的事物，体会到作者赋予词义的形象色彩和情感意味。词汇重复一方面作为语篇的联系手段，直接、外在地反映语篇片段的内容，另一方面内隐地表达某些情感性内容，或成为被赋予象征性意义的关键词。外语词的运用能够侧面反映语篇创作时代背景下的社会生活特征，也能够潜藏人物角色的相关信息和交际意图。

语篇中句子的结构、内容、组合方式等能够反映作者思路的变化与发展，句子结构的改变和句法规则的破坏所产生的表情性、评价性、意思的冗余或隐蔽扩展了句法手段的意思潜能。比如，嵌入结构能够打破语篇所述事件和观点的连续性，把读者注意力集中在更具现实意义的片段中，在叙述情节时起到添补信息、详细说明的作用，在刻画人物时发挥洞察人物内心、反映其心理状态的功能。句法重复的运用使行文偏离中性修辞色彩，出现在人物言语层面的句法重复充当刻画人物心理特征、言语习惯、社会阶层属性的隐性手段，出现在作者言语层面的句法重复充当使形象具备象征性意义的隐性手段。

具有鲜明形象性和语义丰富性的修辞手段为文学语篇塑造形象、提升美学价值提供了多种可能。通过行文布局来增强言语表现力的结构-修辞手段如段落的划分、对照、平行结构等可以用作语篇隐含语义的语言表达手段。段落作为一种结构-修辞单位，它的划分能够体现作品的修辞倾向，体现作者对所叙述内容的态度，反映作者的世界观、创作特性、手法和艺术构思。对照通过概念、观点、形象、状态的强烈反差使被比较的两个部分相互阐释和渲染，侧面突出人物、事物和现象的不同特征。平行结构以相似句子成分的相同排列布局在情节构建、主题串连和客体描述中用于列举、比较和更进一步的详细说明，常用于人物性格和行为特征的间接塑造。

语篇隐含语义的语言表达手段的选用取决于一系列客观及主观因素。在主观因素中，作者思路、个人风格及创作习惯起着决定性作用。本章所选语料均来自契诃夫的中短篇小说，其作品的典型特征是表达上的言简意赅与内容上的意味深刻相结合，为读者留下联想、补充和再加工的空间，也为笔者进行语篇隐含研究提供了十分适宜的语言材料。

第五章　语篇隐含的功能分析

对语篇隐含的研究若仅停留在定义阐释、类型划分等基础理论问题上，则远远无法全面揭示语篇隐含的本质。在对语篇隐含语义的语言表达手段进行归纳描写的基础上，可以更进一步展开语篇隐含的功能分析。本章对语篇隐含功能的探究仍旧以文学语篇作为落脚点。文学语篇因具有明显区别于其他类型语篇的言语组织特点而在功能语体体系中占有特殊地位。语篇隐含在文学语篇中发挥的功能主要体现在两个方面，一是语篇隐含作为文学语篇深层意思结构的组成部分在帮助语篇形成语义统一体和修辞完整性中发挥的语篇构建功能，二是语篇隐含以其丰富、特殊的语言表达手段在体现和提升作为完整言语产品的文学语篇美学价值的审美功能。

5.1 语篇隐含的语篇构建功能

语篇隐含研究同潜台词研究类似，有三种主要途径：语义途径、形式途径和交际-语用途径。把隐含看作纯粹的语篇形式层面现象（即把隐含看作结构构建手段）的观点在学界并没有得到广泛支持，但隐含把语篇片段联系在一起将意思增量体现在语篇结构层面上的观点还是得到了认可。交际-语用视角下对隐含的理解与语义视角下的理解有所重合，语篇被视为一种开放的结构，是作者和读者之间的交际媒介，此时，隐含属于语篇语用结构的组成部分，是作者有意选用的表现方式，为读者保留深入语篇发现其存在的机会。语义途径的研究是最传统、最普遍的。阿尔诺利德、加利别林、伊萨耶娃、凯达（Л.Г. Кайда）、科任娜（М.Н. Кожина）、索洛基洛娃（И.А. Солодилова）等学者采用这种研究路径。（Лелис 2013a：12–13）在此种视角下，语篇隐含被看作语篇意思结构的组成部分，与语篇创作者有意识选取的特殊信息传达方式有关，能够通过对外显信息进行分析加工来获取。本书即是从语义视角切入对语篇隐含进行研究。

文学语篇自作家笔下创作出来后已经独立于自己的创造者。读者不仅仅是再现和复原作者思路，还参与意思的重新设计与构建。这样，文学语篇的意思空间就融合了语篇本身、作者意图以及读者的理解：一方面，语篇意思具有了心智活动本质；另一方面，语篇意思实现于语篇的物质构成，即语篇的语言要素、超语言要素及它们相互作用的手段中。（Лелис 2013b：15）文学语篇的意思空间是一个双层次结构，由表层内容和深层潜藏的意思综合体构成。（Лелис 2013a：10）语篇内容（或者说表层意思）是文学语篇组合（线性）平面上所呈现报道的物质基础，用于表达语篇内容的语言单位一般使用的是它的词典意义。正因与表达单位的语言意义密切相关，读者对语篇内容的理解一般情况下是单义的、较为客观的。语篇的深层意思属于非语词性范畴，产生于语篇的聚合平面，以语言和超语言手段在逻辑、文本、历史文化和互文空间中的组合为基础。语篇深层意思是语篇中的语言单位在发生不同类型的变化和相互作用的结果下形成的，同时还来自对超语言要素及超文本现实的理解过程。语篇深层意思是对语篇个性化的理解，用巴赫金的话说，语篇深层意思要求“意识的多重性”并“产生于不同意识的交汇点”。（Бахтин 1972：135）这种理解的差异性较大，保证了文学语篇诠释的多样性，而语篇隐含正是导致这种多样性的原因之一。首先，在语篇诠释过程中，每个读者具备不同丰富程度的生活经验及审美经验。即使最博闻强识的读者也并非无所不知，而只是一个受自己所处时代、文化、知识水平、生活经验、想象力、品味和直觉所限制的个体。其次，对语篇隐含的获取完善了读者对文学语篇的理解。通过细致的单次或多次阅读、活跃的联想性思维、开阔的视野、较高的心理发展水平与精神境界，读者能够深入渗透到语篇内部，更全面接收文学语篇的复杂细节方面。（Лелис 2013a：13）

语篇隐含是文学语篇的固有属性，它的获取是文学语篇接收者进行语篇诠释的任务之一，也是导致文学语篇解读非单义性的原因之一。语篇隐含帮助实现了文学语篇复杂语义空间的构建，成为深层意思结构的重要组成部分，同时也能够在文学语篇表层内容层次上显露出“痕迹”以证明自己的存在。由此，笔者首先对语篇隐含作为语篇深层意思结构组成部分在语篇构建中发挥的功能进行探究。

5.1.1 语篇隐含与语义衔接

语篇隐含首先是语篇深层意思结构的重要组成部分，如果更进一步地探究它在语篇构建中的作用可以发现，它帮助实现了语篇的关联性（связность）特征，即语义衔接。

关联性是现代语篇语言学关注的语篇重要范畴特征之一。英美学者通常把关联性称为衔接。韩礼德与哈桑（R. Hasan）在《英语的衔接》（*Cohesion in English*）一书中详细阐述了衔接的性质：“衔接这个概念是个语义概念；它指的是存在于篇章内部的能界定其篇章地位的意义关系。当语篇中的某个元素的解读依赖于另一个元素的解读时，就产生了衔接。”（转引自姜望琪2011：54）俄罗斯学者习惯使用术语“关联性”。与韩礼德观点不同，俄罗斯学者认为关联性一方面与被联结单位的联系有关，另一方面与被用来联结的手段有关。关联性的实质是语篇相互联系着的片段之间传达着相同的主题信息，这种关系通过语言手段反映和创建。布赫滨德尔（В.А. Бухбидер）和罗赞诺夫（Е.Д. Розанов）对关联性的阐释较为全面："语篇的关联性是一些因素相互作用的结果。这是叙述的逻辑，它反映现实事物的相互关系和发展动态；是语言手段的特殊组织 —— 包括语音、词汇-语义和语法，同时也考虑到修辞功能；是与引出该语篇动机、目的和条件相符的交际倾向；是能够促进表现内容的连贯性和相称性的结构；是语篇内容本身和它的意义。所有上述因素和谐地形成一个整体并体现语篇的关联性"。（Бухбидер, Розанов 1975：73，转引自王辛夷2018：98）

与关联性密切相关的另一个语篇特征是整体性（цельность）。两者是语篇的最主要范畴特征。这一点在加利别林、舍甫琴科（Н.В. Шевченко）、索尔加尼克、库姆廖娃（Т.М. Кумлева）、列昂季耶夫、阿尔诺利德、瓦尔金娜等学者的论述中都不约而同地指出，在《大百科辞典》对语篇的释义中更是有直截了当的体现："语篇是通过意义联系组织起来的符号单位的连贯话语，其主要特征是关联性和整体性"。（Ярцева 1998：508）。菲利波夫（К.А. Филиппов）指出，整体性和关联性把语篇的组成成分结合为一个整体，涉及言语作品结构的各个方面。整体性以语篇的内部完整性、意义统一体为前提。关联性表现在语篇组成成分间的联结，而且不仅是相邻成分的联结，同时包括相间成分的联结。（Филиппов 2003：138）"整体性和关联性分别反映了语篇的内容和结构本质。关联性是通过外部结构标志和语篇成分的形式上的依附表现出来的。整体性是主题上、情态上的联系"。（Валгина 2003：43）两者的相互制约关系可以总结为：整体性建立在关联性的基础上，关联性是语篇整体性的保障之一（这些保障还包括切分性、对话性、情态性、述谓性等），同时关联性要以整体性为前提，使语篇内部各组成部分联合为一个整体。

综上所述，语篇的关联性既具有自身意义，又有实现这一意义的语言手段体系，其主要特点是内容的相关性、相互制约性、相互依赖性。（王辛夷 2018：98）关联性的表达手段既可以是显性的，也可以是隐性的。语篇隐含既能在形式上连接不同的语篇片段，又能反映这些片段在内容上的联系，因而它可以帮助语篇实现关联性的上述特点。

以契诃夫小说作品为例。在语篇隐含语义的语言表达手段中，可用于实现语篇关联性的手段包括词汇重复、嵌入结构等。例如，“流言”一词在《第六病室》中出现了四次，分别在第四部分末尾（出现两次）、第五部分开头（出现一次）以及第十一部分的开头（出现一次）：

(1) *Впрочем, недавно по больничному корпусу разнесся довольно странный **слух**.*

*Распустили **слух**, что палату № 6 будто бы стал посещать доктор.*

不过近来，医院主楼里却在散布一种相当奇怪的流言。

风传医师开始常到第六病室去了。（第四部分结尾）

(2) *Странный **слух**!*

奇怪的流言！（第五部分开头）

(3) *Скоро по больнице разнесся **слух**, что доктор Андрей Ефимыч стал посещать палату № 6. («Палата № 6» Чехов, 1892)*

不久医院里传遍一种流言，说是安德烈·叶菲梅奇开始常到第六病室去了。（第十一部分开头）（《第六病室》，汝龙译）

小说的第四部分原本还在细致地描写第六病室里病人的情形，但在结尾处作者忽然话锋一转，引出流言事件后又戛然而止，极大地引起了读者的兴趣。在第五部分的开头作者接着提及流言，与上一部分进行了衔接。这种衔接是内容上的关联，并在形式方面体现了出来。不过，从第五部分到第七部分，作者用了大段篇幅插叙医师安德烈的外貌形象、成长轨迹、工作情形、业余爱好、心理状态，使读者对医师的过往经历有了全盘了解。第九部分和第十部分的故事情节才进行到医师去了第六病室与伊万·德米特里进行了第一次和第二次的交谈。所以，当“流言”再次出现在第十一部分的开头时，作者把读者从插叙中拉回到数个章节之前提到的流言事件。最后这一处提及的“流言”同时起着承前启后的作用。正因为流言在医院传开了，人们开始带着奇怪的眼神看待医师，开始交头接耳地议论他、躲避他、暗示他。“流言”的疯传成为医师被当作精神病人关进第六病室的重要诱因，把前后情节内容串连在一起，对故事的发展起着关键性的推动作用。再例如：

(4) *С ней он мог говорить о литературе, об искусстве, о чем угодно, мог жаловаться ей на жизнь, на людей, хотя во время серьезного разговора, случалось, она вдруг некстати начинала смеяться или убегала в дом. Она, как почти все с-ие девушки, много читала* ***(вообще же в С. читали очень мало, и в здешней библиотеке так и говорили, что если бы не девушки и не молодые евреи, то хоть закрывай библиотеку)****; это бесконечно нравилось Старцеву, он с волнением спрашивал у нее всякий раз, о чем она читала в последние дни, и, очарованный, слушал, когда она рассказывала. («Ионыч» Чехов, 1898)*

他能够跟她谈文学，谈艺术，想到什么就跟她谈什么，还能够对她发牢骚，抱怨生活，抱怨人们，不过，在这种严肃的谈话的半中央，有时候她会忽然没来由地笑起来，或者跑回房里去。她跟这城里的差不多所有的女孩子一样，看过很多书（一般来说本城的人是不大看书的，本地图书馆里的人说，要不是因为有这些女孩子和年轻的犹太人，图书馆尽可以关掉）。这使得斯达尔采夫无限的满意，每回见面，他总要兴奋地问她最近几天看了什么书，等到她开口讲起来，他就听着，心里发迷。(《约内奇》，汝龙译）

嵌入结构既可能充当句子成分，也可能不充当，并且常常与核心句在句法和语义上发生联系，从而发挥语篇衔接的作用。例(4)中的嵌入结构与它所嵌入的核心句在内容上存在着联系，并且即使把括号去掉，它也可以与核心句进行融合，对核心句的内容进行扩展，同时又不违反句法规则。

(5) – ... *Я хочу быть артисткой, я хочу славы, успехов, свободы, а вы хотите, чтобы я продолжала жить в этом городе, продолжала эту пустую, бесполезную жизнь, которая стала для меня невыносима. Сделаться женой – о нет, простите! Человек должен стремиться к высшей, блестящей цели, а семейная жизнь связала бы меня навеки. Дмитрий Ионыч* ***(она чуть-чуть улыбнулась, так как, произнеся «Дмитрий Ионыч», вспомнила «Алексей Феофилактыч»)****, Дмитрий Ионыч, вы добрый, благородный, умный человек, вы лучше всех... – у нее слезы навернулись на глазах, – я сочувствую вам всей душой, но... но вы поймете... («Ионыч» Чехов, 1898)*

“…… 我要做一个艺术家，我要名望，成功，自由。您呢，却要我在这城里住下去，继续过这种空洞无益的生活，这种生活我受不了。做太太，啊，不行，原谅我！人得朝一个崇高光辉的目标奋斗才成，家庭生活会从此缚住我的手脚。德米特里·约内奇（她念到他的名字就微微一笑，这个名字使她想起了“阿列克谢·菲奥菲拉克特奇”），德米特里·约内奇，您是聪明高尚的好人，您比谁都好 ……”眼泪涌上她的眼眶，“我满心感激您，不过 …… 不过您得明白 ……”（《约内奇》，汝龙译）

例(5)中是嵌入句不能够与核心句进行融合、成为其扩展句的例子。但这并不妨碍此处的嵌入句发挥语篇衔接的功能。“阿列克谢·菲奥菲拉克特奇”是前文第二部分中提到过的叶卡捷琳娜·伊万诺芙娜所看小说的作者，她曾对约内奇说觉得这个名字很可笑。叶卡捷琳娜嘴上说着德米特里·约内奇是高尚的人，对他满心感激，实际上内心却在暗暗地嘲笑他，觉得他配不上自己。嵌入结构的内容体现了叶卡捷琳娜对德米特里的轻视与傲慢，与此前她敷衍地对待来做客的德米特里、邀约他在墓地见面以此戏弄他的情节相呼应，同时又与后文她在认清现实、明白自己的天真之后又回心转意想要重修旧好的内容形成对比，对故事主线的发展起着一定的牵引作用。

5.1.2 语篇隐含与语义节省

博格兰德（R.D. Beaugrande）和德莱斯勒（W.U. Dressler）在著作《语篇语言学入门》（*Introduction to Text Linguistics*）中提出语篇的七个标准：衔接性（когезия），连贯性（когерентность），意向性（интенциональность），可接受性（воспринимаемость），信息性（информативность），情境性（ситуативность），互文性（интертекстуальность）。（Beaugrande , Dressler 1981；Филиппов 2003：119）其中，信息性是语篇的基本范畴之一。所谓“信息”，在常见的交际理论著作中指的是关于客观现实中事物、现象、关系、事件的新消息。（Гальперин 2007：26）任何语篇的创建都有一个共同目的，就是传递信息。语篇中包含的所有信息的总和就是语篇的信息保有量（информационная насыщенность）。（Валгина 2003：141）新的、有效用的、有语用功能的信息才具有价值性，可以成为衡量语篇信息性的指标。“语篇的信息性指的是对语篇接收者而言其意思内容的新颖程度，它包含于语篇主题、作者观念和作者对思维主体的评估体系中”。（Бабайлова 1987：60）信息保有量是评价语篇价值的绝对标准，而信息性则是相对标准，因为语篇的信息性程度取决于潜在的语篇接收者。因此，衡量语篇的价值不仅要看信息保有量的多寡，还要看新信息和有效信息的多少。（史铁强2012：146）

语篇从形式结构上可划分出超句体、节、章、全文各级组成单位，所有这些组成单位的基本构建材料都是句子，支撑起了语篇的表层结构。由于语言符号的非对称二元性，从语篇表层结构中提取的信息与语篇深层结构表达的信息量不吻合。这种现象的本质在于能指层面的单位（即表达层面的单位）通常要比所指层面的单位（即内容层面的单位）要少得多。当符号数量少于内容数量，等于用较少的语言表达较多的信息，语篇表层结构中缺少深层结构成分的直接体现时，这种情况即为语义节省（семантическая экономия）。语义富余（семантическая избыточность）正好相反，即语言符号多于所要表达的内容，语篇表层结构中的数个成分都同时指向深层结构中的一个成分。（Гизатулин 2001；Валгина 2003：141-142）

在语篇中选何种方式呈现信息——语义节省还是语义富余，取决于语篇创作者的主观意图以及语篇接收者的理解能力，实质上涉及语篇的编码和解码问题。同时，这也与功能语体的语体特征和面向群体有密切关系。科技语篇、公文事务语篇和教学类语篇通常会选择语义富余的方式，讲究所传达意思的准确性，不允许有引起歧义的不完整表述存在。但提纲、摘要、书评等个别体裁除外。在文学语篇中，选择节省还是富余取决于语境的需要，取决于语篇创作者讲述事件、塑造形象、刻画人物的需求。但也有观点认为，文学语篇中出现语义富余的可能性较小。语篇接收者群体大致可分为三类：符合语篇面向群体的中等知识水平的语篇接收者；未达到中等知识水平的语篇接收者；超过语篇创作者知识储备水平的语篇接收者。显然，对于第二类接收者来说，语篇的理解较为困难，语篇信息所起的效用大打折扣；对于第三类接收者来说，语篇的信息富余程度趋近百分之百。文学语篇、报刊语篇、科普语篇的创作者通常面向中等知识水平的接收者。（Валгина 2003：142）

语篇隐含的存在方式之一就是信息的压缩折叠，通常实现于语篇的最小单位层次中，即单个语句或超句子统一体中。在保证信息量不变的情况下，把原本由多个句子表达的若干个信息合并到一个句子中，这种现象尤其为文学语篇特有。此种情况下，语篇单位在所指层面上是逻辑扩展了的结构；而在能指层面上则是收缩的结构。（Валгина 2003：143；史铁强 2012：150）在契诃夫的小说作品中，这种信息压缩折叠的方式常常用来交代人物或事件的背景信息。例如：

(1) ***К отцу Савве Жезлову, престарелому настоятелю Свято-Троицкой церкви в городе П., нежданно-негаданно прикатил из Москвы сын его Александр, известный московский адвокат. Вдовый и одинокий старик, узрев свое единственное детище, которого он не видал лет 12–15, с тех самых пор, как проводил его в университет***, *побледнел, затрясся всем телом и окаменел. Радостям и восторгам конца не было. («Святая простота» Чехов, 1885)*

某城圣三一教堂老态龙钟的主持萨瓦·热兹洛夫神甫的儿子亚历山大是莫斯科的名律师。这天，出人意外，亚历山大从莫斯科乘火车到他父亲家里来了。老人丧偶，孤身一人，自从把独生子送进大学以后，已经有十二年到十五年没见过他了，如今定睛瞧着他，脸色发白，周身发抖，呆若木鸡。他的欢乐和兴奋简直无边无际。（《纯朴无瑕》，汝龙译）

这段描写的前两句分别压缩了原本由若干个单句表达的信息。第一句包含的信息包括：萨瓦是某城圣三一教堂的神甫；萨瓦已经年迈；萨瓦有个儿子；萨瓦的儿子叫亚历山大；亚历山大是位著名律师；亚历山大在莫斯科工作或生活；亚历山大不常探望父亲。第二句包含的信息包括：萨瓦丧妻；萨瓦没有再娶；亚历山大是萨瓦独子；父子有十几年未见；亚历山大读过大学。契诃夫仅用两个长句就将如此丰富的信息告知读者，符合他一贯开门见山的叙述风格，体现了作家对简洁文笔的追求。

实现信息压缩折叠的另一种有效方式是叙述的跳跃产生字面内容的空

缺，空缺的深层意思靠读者的逻辑思维活动来补充。例如，在小说《熟识的男人》中，主人公"千娇百媚"的万达病愈出院后身无分文、无家可归，为自己寒碜的装束感到羞臊，指望着能去"熟识的男人"那里要一点钱。结果在旧相识的牙医那里不但没有勇气开口要钱，反而用当掉绿松石戒指换来的一卢布付了诊费。当她走出牙医家时比之前更加贫困了，更加为自己难堪的生活、过去遭过的和未来还将遭到的侮辱害臊了。作者是这样处理小说结尾的：

(2) ***Впрочем, на другой день она уже была в «Ренессансе» и танцевала там. На ней была новая, громадная, красная шляпа, новая модная кофточка и туфли бронзового цвета. И ужином угощал ее молодой купец, приезжий из Казани.*** *(«Знакомый мужчина» Чехов, 1886)*

第二天傍晚，她却在"文艺复兴"里跳舞了。她头戴着一顶新的而且很大的红色女帽，身穿一件新的时髦短上衣，脚上是一双黄铜色的便鞋。有一个从喀山来的年轻商人带她去吃晚饭。(《熟识的男人》，汝龙译)

万达获得了梦寐以求的时髦精致的穿戴，也不用为温饱问题发愁，又进入饭馆里跳舞，像她从前的生活那样。显然，那个"从喀山来的年轻商人"为她买了单。或许这个男人是她以前"熟识的男人"中的一位，或许是她从其他"熟识的男人"那里获得了资助后又新结识的男人，这些读者都不得而知。但有一点读者十分清楚的是，万达又继续过起了靠出卖姿色依附男人来生活的日子。作者对故事结尾的安排十分简洁，略去细节的讲述，只三言两语便交代了万达脱离了困境，至于脱困的具体情形只能由读者去想象了。

因此，语篇隐含是实现语义节省、提升语篇信息保有量的一种重要手段，帮助语篇创作者以最少的言语手段表达尽可能多的信息。压缩的语言结构使得语篇片段的意思产生多义性、不确定性、模糊性，这正是文学语篇的艺术特点，能给语篇接收者留有想象和语篇再加工的空间。

瓦尔金娜提出语篇的紧张性（напряженность）和非紧张性（ненапряженность）概念，这也是衡量语篇质量的一种指标。加强语篇结构的紧张性，增加语篇的信息性可提升语篇价值。可以通过以下方式提升语篇结构的紧张性：

（1）打破主位－述位链，使表述中出现语义缺项。在文学语篇中，超句子统一体通常少有遵循链式主位－述位结构的表述，即前一句的述位成为后一句的主位，并对后一句要求有新的述位，以此类推。（吴贻翼等，2003：131）因链式结构维持了思维的连续性，最大限度保持了新信息的铺陈延展。当链式结构被打破，表述中出现的语义缺口需依靠语篇接收者根据语境和背景知识运用逻辑思维能力来填补；（2）把数个信息压缩在一个句子中，即采用信息紧凑的句式，通常采用简单句替代复合句；（3）采用带有二次谓项（вторичный предикат）的句子；（4）句子之间的意思和逻辑关系通过没有标记的隐性联系来体现，如对别关系、因果关系、时间条件关系的体现不借助相应的连接词和关联词，而借助超句体中各成素位置上的并列来呈现；（5）隐去行动、状态的主体或隐去行动、状态本身，如略去视觉、听觉、思考、感觉动词：*увидеть, услышать, подумать, почувствовать* 等；（6）略去重复的称名同样可以增强意思的浓缩。

除上述手段外，还有其他方法也可增强语篇结构的紧张性，如常识的概念可减、已包含的命题可略、说过的话可省、同义表达手段可缩等。（史铁强 2012：154–159）

许多研究者认为，隐含的使用性越来越高，尤其在言语层面出现了多种多样的隐含形式。这也表明了人们在言语交际中越来越追求语言手段的精简，隐含符合语言节约这种趋势。巴利（Ш. Балли）指出，“倘若每次说话都将自己的思想表达得无一遗漏，并且还指明这些思想之间的相互联系，那么人们之间的言语交际则很难实现。人类智慧始终追求的是用简洁的语言符号替换掉累赘的字句。”（Балли 1961：321）隐含作为一种经济性手段在反映超语言内容时，通过情景各要素之间牢固的联想联系，只用提及一个要素就足以呈现整个情景。（Медынская 1971：38）各类情景所包含的所有要素，实际上已经趋于“标准化”，作为一种“共同的背景知识”进入创作者和接收者的个人经验中了。

5.1.3 语篇隐含与作品表情性

表情性（экспрессивность）指的是语言各层级单位固有的语义－修辞特征的总和，它保障了语言单位在交际行为中表现言语发出者对言语内容和言语接收者主观态度的能力。能够体现言语表情性的语音手段包括音长的改变、送气音、重音及语调的运用等；词法手段包括整词复合法、表爱及表卑词缀的运用等；词汇手段包括具有事物－逻辑意义及评价意义成分词汇层的运用、感叹词及加强语气词的运用等。上述三个层面的表情性手段都具有相对清晰表现的、肯定的或否定的伴随意义。句法层面的表情性手段包括词序的改变、省略结构、重复的运用等。在交际行为中，可以与语言手段同时运用的还有附加语言手段，比如说话音量及音色、语速、表情、姿势等，可以加强言语的表情性特征。这些手段的组合及相互作用能够使任何语言单位具有表情力，获得体现言语发出者心理状态的能力。（Ярцева 1998：591）

表情性和情感性（эмоциональность）在一些著述中被看作同等现象，也有一些学者强调两者有所区别。实际上这两个概念尽管存在一定差别，但也相互联系、紧密交错在一起，是表现力（выразительность）范畴的两个重要组成部分。情感性是“言语中体现出来的说话人对待客观现实的感觉和情绪，即对客观现实的主观感受”（Нелюбин 1990：301），一般通过感叹词、表示情感的词、语调和特殊句法结构等来表达。巴利认为，表情性是对客观现实的情感性理解并将其传递给接收者的意图（Балли

1961）。表情性使言语更加鲜明、更具感染力、给人留下更深刻的印象。（Галкина-Федорук 1958：107）无论是表情性还是情感性，都是语言使用发展的重要推动力，帮助创造了新的表达手段用于更饱满地表达言语发出者的思想和感受。对于文学语篇来说，表情性不仅是言语发出者思想和感受的表达，也是其个性本身的体现。

在语篇研究范围内，表情性可以解释为"语篇或语篇片段的一种特性，它增加了意思传递的强度，呈现语篇发出者的内部状态，获得情感和逻辑上的加强"。（Арнольд 1999：206）表情性主要包括这四种要素：强化性，指词或者言语的语义饱和度，其目的是加强对言语接收者的影响力，使其信服；情感性，即主体的特征，主体感受情感、用感情美化自己的行为并把它们表达出来的能力，充当着创造表情的手段；评价性，即言语发出者对所言事物的态度，也就是融入言语中的对人、事物和现象的肯定或否定的评价；形象性，属于修辞范畴，是表情性的重要成分之一。（王辛夷 2017：33）表情性在文学语篇中的功能首先是塑造文艺形象，帮助揭示人物内部世界、体现人物内心的情感与感受，同时也起着体现作者对自己笔下人物、事物或现象的主观感情评价态度的作用。

表情性作为语言单位的特征之一与感情评价范畴密切相关。笔者在第二章中已论述过观念内容信息作为语篇信息类型的重要组成部分，可以扩展为情态-评价信息和情感-表情信息。因实际上语篇中的评价语义成分一般都带有情感表达，故把扩展的两类信息合称为主观感情评价信息，它是语篇隐含的类型之一。隐含的运用增添了文学语篇语言的丰富性和内容上的多层次性，提升了表达方面的可能性、细腻性以及表现力。（Багдасарян 1983：135）语篇隐含可以塑造作品的情感氛围，在刻画人物形象、反映人物之间的相互关系、讲述事件、表达对事件的评价中都帮助营造了整个作品的情感氛围。文学语篇的表情性手段十分丰富，涉及从语音到句法各个层面的语言单位，尤其与语言单位的修辞标志有关。语篇中主观感情评价隐含的构建手段往往能充当文学语篇表情性的表达手段。例如，契诃夫十分擅长使用平行结构在表达隐性主观感情评价信息的同时赋予行文以强烈的表现力：

(1) *И почему человек не может жить так, чтобы не было этих потерь и убытков?* ***Спрашивается, зачем срубили березняк и сосновый бор? Зачем даром гуляет выгон? Зачем люди делают всегда именно не то, что нужно? Зачем Яков всю свою жизнь бранился, рычал, бросался с кулаками, обижал свою жену и, спрашивается, для какой надобности давеча напугал и оскорбил жида? Зачем вообще люди мешают жить друг другу?*** *Ведь от этого какие убытки! Какие страшные убытки! Если бы не было ненависти и злобы, люди имели бы друг от друга громадную пользу. («Скрипка Ротшильда» Чехов, 1894)*

为什么人们就不能好好生活，避免这些损失呢？请问，为什么人们把桦树林和松林砍掉？为什么牧场白白荒芜？为什么人们老是做些恰恰不该做的事？为什么亚科甫这一辈子老是骂人，发脾气，捏着拳头要打人，欺侮自己的妻子呢？请问，刚才有什么必要吓唬那个犹太人，侮辱他呢？为什么人们总是妨碍彼此的生活呢？要知道，这造成多大的损失！多么可怕的损失呀！要是没有憎恨和恶意，人们彼此之间就会得到很大的好处了。(《洛希尔的提琴》，汝龙译)

小说《洛希尔的提琴》讲述了生活贫困、靠做棺材和拉提琴糊口的棺材匠亚科甫在老伴儿去世后次日自己也生了病，离世前将提琴赠予了自己曾经欺侮过的犹太人洛希卡的故事。例文中由“*зачем*”开头的几个疑问句组成了平行结构。从形式层面来看，几个问句对仗工整，排列匀称，节奏鲜明；从语义层面来看，这些问句从不同的角度展现亚科甫内心的疑惑。亚科甫在老伴儿去世后来到她提到过的河边，回忆起过往四五十年生活中的种种：他没有心疼过自己的妻子，错过了在河上捕鱼、养鹅、运货的挣钱机会，使得之前的日子白白过去，今后的日子也没了指望。与其说是疑惑，不如说是感叹和悔悟，为自己“充满损失的一生”而悲愤不已。例文中的平行结构向读者反映的是亚科甫的内心活动，增强了人物情感表达的强度，进而对读者产生了更强烈的感染作用。

(2) ***Кто держит кабак и спаивает народ? Мужик. Кто растрачивает и пропивает мирские, школьные, церковные деньги? Мужик. Кто украл у соседа, поджег, ложно показал на суде за бутылку водки? Кто в земских и других собраниях первый ратует против мужиков? Мужик****. Да, жить с ними было страшно, но все же они люди, они страдают и плачут, как люди, и в жизни их нет ничего такого, чему нельзя было бы найти оправдания. («Мужики» Чехов, 1897)*

谁开小酒馆灌醉人们？农民。谁把村社、学校、教堂的公款盗用了，喝光了？农民。谁偷邻居的东西，放火烧房子，为一瓶白酒到法庭上去作假见证？谁在地方自治局和别的会议上第一个出头跟农民们作对？农民。不错，跟他们一块儿生活是可怕的。不过话说回来，他们也是人，他们跟普通人一样受苦，流泪，而且在他们的生活里没有一件事无法使人谅解。(《农民》，汝龙译)

小说《农民》讲述了原本在莫斯科做仆役，后因病辞职的尼古拉携妻子奥莉加和女儿萨沙回到故乡家中生活的经历。他的故乡茹科沃是一个有着如画般风景，但却人人赤贫的村子。作者在小说中用了大量笔墨描写村子里的生活场景，那里的农民连同尼古拉的父母兄弟大都粗鲁、低俗、愚昧、冷漠，男人们酗酒、懒惰，人们对贫困和死亡麻木不仁。例文是奥莉加在丈夫病逝后带女儿返回莫斯科谋生的路途中的所想所感。由数个问答结构组合成的平行结构细数了农民们的卑劣行径，极其简短的答句“*мужики*”重复出现，加强了叙述口吻和情感流露，表面上看起来是以极其确定的语气表达“这都是农民们咎由自取”的意思，但实际上却是在向读者发问：这些全都是农民们自己的罪过吗？例文中的一系列问句虽是在细数农民们在愚昧无知又贪婪的本性驱使下做出的下流事情，自问自答的平行结构却很容易在读者心中引起这样的情感反应：对这些愚昧无知的农民们来说，生活的苦难使他们变得麻木，种种恶劣的行径确实是他们自己做出的，但同时他们也是一群受难的人，他们“遭受欺侮、遭受奴役、遭受沉重而难堪的贫穷、遭受可怕的白酒的祸害”，没有人诚心来帮助他们脱离苦难。作者在文中将平行结构和重复手段结合起来使用，起着加强语气、增强表情性的效果、引发读者深思的作用。

5.2 语篇隐含的审美功能

文学是用语言塑造形象以反映生活、表达作家思想感情的艺术。文学作品的语言既是塑造艺术形象的材料，本身又具有审美价值，给读者以美的享受。（吕凡等 1998：213）我国学者白春仁认为，“美而能赏心悦目，大体上就是审美价值。文学作为高超的人生艺术，它的审美价值具有双重的性质”。一方面，艺术家的中心任务在于把握美之所在 —— 客观事物间的本质联系，生活中所见的美才是作品魅力的本源。另一方面，优秀艺术家创造的作品常具有远远高出生活原型的艺术魅力，增添了文学形式所特有的感染力。由此，“作品的审美价值不仅来自生活美，更来自艺术现实之美和文学形式之美”。（白春仁 1993：22）

根据白春仁的观点，“文学语言的美质或特征，一般分列为这样几条：第一是形象性；第二是情感性；第三是个性”。（白春仁 1993：26）艺术魅力的核心是艺术形象 —— 小说里的主人公，戏剧里的角色，抒情诗里的景物。成功的形象首先要真实，其次又须完美和谐。但形象魅力的根底在情感态度，即作者主观的评价立场，这是作品审美价值的重要成素，是维系作品同作者、读者审美联系的纽带，是把握作品艺术感染力的契机。而个性风格在作品结构中主宰着审美的方向，体现作者的审美观和艺术观，在作品中决定了对艺术手法、辞章技巧的选择和组织，进而从审美角度实现了作品的完整统一。（白春仁 1993: 23–29）

通常而言，文学语篇很少外显地展现作者的美学信念（эстетическое кредо автора），毕竟读者对文学作品的诠释和理解是多义的。白春仁在阐述涵义层在作品审美功能中的作用时写道："艺术贵含蓄，忌直露。语句章节推出的语义，有曲直隐显之分。形象导出的文意，也有曲直隐显之分。作者意图，或是同读者侃侃而谈，一吐为快，不想使读者多费心思，或是不肯尽意，有心留给读者去体会。前一种情形辞到意显，有明快之效；后一种情形解码困难倍增，但别有含蓄之趣"。（白春仁 1993：28）他同时指出，隐显都须有分寸，隐不得令人费解，显也不能以直语快语压倒了形象。"涵义层在审美交际中并非无足轻重"。由此，笔者分别从形象性、情感性和个人风格三个方面讨论语篇隐含在文学语篇中的审美功能。

文学领域所使用的语言具有独特的美学功能，与艺术活动特有的形象思维相联系，用来直接表达作家头脑中的"第二现实"。所谓"第二现实"，即文学作品中反映的生活，这是"作家对现实生活的素材按自己的标准和见解进行选择、提炼、概括、加工而创造出来的艺术世界"。（吕凡等1998：213）文学以形象反映生活，作家在创作过程中借助形象思维从现实生活中汲取感性材料，通过想象、联想和幻想塑造出具有一定思想内容和审美意义的具体生动的形象（如社会环境、自然景物、人物性格、事件过程等），形成一幅由形象体系构成的"第二现实"生活图画，然后通过语言将其准确、鲜明、生动、完美地展现出来，给读者带来真实的生活感受，并将寓于其中的思想美学内容传达给读者。（吕凡等1998：214）可见，艺术形象的塑造过程不仅需借助作家的形象思维，同样也离不开物质的语言形式手段。

洛谢夫（А.Ф. Лосев）认为审美与文学作品的表达或者说表现力有关。（Лосев 1994：184）情感性与表情性同属表现力范畴的两个重要组成部分。情感性是“言语中体现出来的说话人对待客观现实的感觉和情绪，即对客观现实的主观感受”。（Нелюбин 1990：301）文学语篇的作者接触和提炼生活素材以便诉诸情感，这是一种审美观照。作者在撰构艺术世界时，不能不对要写的人和事抱定明确的评价立场。“或褒或贬，或扬或抑，即便打定主意不露声色，不置可否，其实已经构成一种主观态度，无非求得表达得淡泊而已。”（白春仁 1993：23）作者将其对现实的审美感受以主观情感和评价立场充溢、浸润于作品中，再由读者对作品进行解码，生出情感上的共鸣和感应，从而实现了作者－作品－读者纽带的维系。

从第四章对文学语篇隐含语义的语言表达手段的归纳和描写可知，作者在构建语篇隐含时采用的语言表达手段如外语词，可侧面反映人物的社会地位、教育水平、言语特点等信息，帮助塑造人物形象；又如句法重复，可使行文偏离中性修辞色彩，使形象具备象征性意义；再如对照，可通过形成强烈反差帮助塑造具有审美价值的艺术形象。

而作品情感性的体现除了感叹词、表示情感的词、语调等直接、外显的表达手段外，隐性手段如词的伴随意义成分，可借助上下文内容呈现作者赋予词汇的个人主观意味；词汇重复可增强言语表现力和感染力，丰富感情评价色彩，内隐地表达情感性内容；段落的划分因受作者语用宗旨的影响，可间接向读者传递作者的主观感情评价信息。

语篇隐含以其丰富、特殊的语言表达手段如何塑造艺术形象以及间接呈现作者情感态度在前一章中已有详细的语料分析，此处不再赘述。笔者将着重讨论的是，语篇隐含与个人风格的关系及其在提升文学作品审美价值中发挥的功能。

在语篇的重要属性特点中，除了常被讨论的那些范畴特征外，语篇个人风格的体现也受到研究者的重视。瓦尔金娜指出，作者创作的个性化特征体现在语篇的诠释层面，与语篇的文体构成有关，那么自然而然地，作者个性化问题首先存在于非标准化的言语产品中，也就是带有大量情感-表情性要素的语篇中。因此，文学语篇能够最大限度地呈现作者的创作个性，包括作者意识及其道德审美标准的体现，也包括文学形式与个人风格。（Валгина 2003：136）

个人风格（идиостиль; индивидуальный стиль），简言之就是作家或诗人创作风格的个性化体现。它是特定作者的作品中内容特征（审美的、道德的、表情性的）和语言形式特征组成的系统。这些特征的总和使得每个作者实现其个体语言图景的方式都是独一无二的。个人风格与作者的个性笔法有关，与将其作品与其他作者的类似作品区别开的修辞特征有关。（Ашимова 2013：2）最初的个人风格研究与20世纪腾尼扬诺夫（Ю. Н. Тынянов）、巴赫金、卡拉乌洛夫（Ю. Н. Караулов）、维诺格拉多夫等学者对语言个性（языковая личность）的研究有关。维诺格拉多夫首次提出作为语言学术语的“语言个性”，他在对文学作品进行语言学分析时，最先使用并区分了文学作品中的“作家个性”和“人物个性”两种不同形式。（Виноградов 1946）卡拉乌洛夫首次从心理语言学和跨文化交际角度将“说话的人”定义为“语言个性”（Караулов 1986：105–125），并阐述论证了语言个性学说的原理、构架和方法论意义。语言个性既指作为语言主体的个体——“语言中的人”（человек в языке）或“说话的人”（человек говорящий）、“交际的人”（человек общающийся），也指“人说的语言”（язык в человеке）或“交际的语言”（язык в общении）。（赵爱国 2006：110）潘诺夫（М. Панов）指出，语言个性就是个性化，也就是个体语言携带者在其言语产品（语篇）中体现出来的语言能力状态。（Панов 2005：587）语言个性有着复杂的多层次组织：交际层面的、词汇语义层面的、语汇层面的、动机层面的、道德层面的、情感层面的等等。

与“语言个性”相比，“个人风格”还是个较新的概念，研究者对其所下的定义各有区别：个人风格“是结构上一致且内部联系着的语词表达手段和形式的系统”（Виноградов 1963：105）；是“在创作的最终阶段对文字表达进行选择的结果”（Долинин 1985：189）；是“一个完整的系统，它产生于对语言要素别具一格的挑选原则、配置及有目的性的运用”（Пищальникова 1992：20–21）。结合前人观点，笔者将个人风格理解为作家对语言表现手段进行个人独特的审美运用的体系。

文学语篇中体现出来的个人风格是不可复制的，它对于作者来说是一个具有重要概念意义的系统，从交际和美学方面确定语篇的组织原则，操控着语言手段、修辞手法的选取和组合运用，并且包含了决定语篇结构、语义和语用的语篇扩展特征。（Ашимова 2013：4）个人风格实现了作者的语言个性，通过个性化的语言运用（独特的形象塑造手段和意思表达手段）反映其个体世界图景。由此，作者世界观的特点在语篇的所有语言和结构层次上得以体现，并决定了语篇构建要素的选择，这些构建要素在反映作者对客观现实的理解及实现语篇语用功能方面起着积极作用。

因此，对个人风格的研究与分析作者为实现其形象系统和艺术世界的构建对语言手段的选择就密不可分了。任何一部文学作品，在其表面所讲述故事的背后都隐藏着作者思想、创作意图、世界观和个人情感等等。作为文学作品的典型特征，语篇隐含与作者个人风格有着必然的联系。作者为实现隐性意思的表达而对语言手段的选择和偏好很大程度上受到其个人风格的影响。个人风格不同，对语篇隐含的构建及运用也会有所差异。换言之，文学作品中的语篇隐含能够极大地体现作者的写作手法、语言特点和创作艺术性等特征。鉴于个人风格与语篇隐含的紧密联系，笔者以本书所用语料的作者契诃夫为例，结合作家在塑造艺术形象、构建艺术世界时表现出来的创作特点，分析语篇隐含在呈现作者个人风格中发挥的作用，进而深化对契诃夫作品审美价值的理解。

契诃夫作为俄国文坛巨匠、蜚声世界的短篇小说家，学界已有不少围绕其创作风格与语篇隐含开展的研究。如比齐尔利（Бицилли П.М.）从修辞角度分析契诃夫作品的创作特点（Бицилли 2000）；波戈热娃（Погожева О.В.）研究了契诃夫小说中的隐含在营造讽刺效果时发挥的作用（Погожева 2012），等等。契诃夫作品以其文字表达上的精简和思想内容上的深刻为读者所熟知。尤其是他的短篇小说，需在有限的篇幅中尽可能容纳更多的情节内容。因此，大量运用语篇隐含成了作家作品的典型特点之一。笔者通过对契诃夫小说作品的研读，总结出以下与语篇隐含有密切关联的作者个人风格。

1.契诃夫鲜少使用带有明确褒贬色彩的词句直接对笔下人物与事件发表评价，但这并不意味着作家不流露自己的情感态度。

契诃夫善于客观、冷静地叙述，通过艺术手段将情感态度间接呈现在对人物行为、言语对话、心理活动等的刻画和描写中，促使读者从字里行间自行揣摩品味。

在初登文坛的“安东沙·契洪特”时期，契诃夫创作了大量的幽默讽刺小说，《喜事》（1883）《一个文官的死》（1883）《胖子与瘦子》（1883）《变色龙》（1885）等都是读者耳熟能详的幽默小说杰作。这些早期幽默讽刺作品的一大特点是，其讽刺效果往往辛辣直接、一针见血，而讽刺意味的表达带有隐藏性、间接性特征。在作家的幽默小说中，重复和反差是形成喜剧效果的重要手段。喜剧效果主要包括讽刺和幽默，幽默通常是和气的、善意的引人发笑，讽刺通常是尖锐的、批判性的嘲笑。喜剧效果可以产生于强烈的对比反差，如美的和丑的、高尚的和低俗的、生动的和死板的等等。例如，在《胖子和瘦子》中契诃夫用简洁的笔墨勾画出人物行为特征的前后反差，来体现人物心绪的复杂变化：

(1) *Нафанаил* ***немного подумал*** *и* ***снял шапку.***

纳法纳伊尔想了一会儿，脱下帽子。

(2) *Нафанаил* ***немного подумал*** *и* ***спрятался за спину отца.***

纳法纳伊尔想了一会儿，躲到父亲背后去了。

(3) *Нафанаил* ***вытянулся во фрунт*** *и* ***застегнул все пуговки своего мундира****...*

纳法纳伊尔挺直身体，做出立正的姿势，把他制服的纽扣全都扣上。

(4) *Нафанаил* ***шаркнул ногой*** *и* ***уронил фуражку.*** *(«Толстый и тонкий» Чехов, 1883)*

纳法纳伊尔并拢脚跟立正，把制帽掉在地下了。(《胖子和瘦子》，汝龙译)

胖子和瘦子初见面时，瘦子的儿子纳法纳伊尔表现得相当拘谨且并不热情。当听说父亲和朋友儿时是顽劣不堪的坏学生时，他更是躲到了父亲背后。当又听说胖子做到了三等文官，他立刻调整了自己的姿势，整理了服装，最后告别时刻还因过于端正姿态弄掉了自己的制帽。一个尚未踏足社会的中学三年级学生，竟然有了根据官阶高低采取不同态度待人的意识，可见深深受到了父亲的影响。行为姿态的改变体现出人物心理状态发生的改变。当然，反差最强烈的还是瘦子本人知晓朋友官阶前后的言行表现：

(5) *Приятели* ***троекратно облобызались и устремили друг на друга глаза, полные слез****. Оба были приятно ошеломлены.*

– ***Милый мой!*** *– начал тонкий после лобызания...*

两个朋友互相拥抱，吻了三次，然后彼此打量着，眼睛里含满泪水。两个人都感到又惊又喜。

“我亲爱的！”瘦子吻过胖子后开口说……

(6) *– Я,* ***ваше превосходительство****... Очень приятно-с! Друг, можно сказать, детства и вдруг вышли в такие вельможи-с! Хи-хи-с.*

“我，大人……很愉快！您，可以说，原是我儿时的朋友，现在忽然间，青云直上，做了这么大的官，您老！嘻嘻。”

(7) – *Помилуйте… Что* ***вы-с****… – захихикал тонкий, еще более съеживаясь. – Милостивое внимание* ***вашего превосходительства****… вроде как бы живительной влаги… («Толстый и тонкий» Чехов, 1883)*

“求上帝饶恕我……您怎能这样说呢，您老……”瘦子赔笑道，把身体缩得越发小了，“多承大人体恤关注……有如使人再生的甘霖……”（《胖子和瘦子》，汝龙译）

瘦子从热情地与胖子亲吻拥抱、侃侃而谈到点头哈腰，卑躬屈膝，对朋友的称呼从“我亲爱的”到“大人”“您”，反映出瘦子趋炎附势、自轻自贱的奴性心理。契诃夫巧妙地通过对比向读者呈现了瘦子可笑、可憎又可悲的鲜活形象。作者对瘦子奴性嘴脸的嘲讽从两人重逢场面和情节的描写中自然而然地流露了出来。

类似上文的例子有许多。契诃夫在人物心理描写方面相当注意细节，他的观点是“最好还是避免描写人物的精神状态，应当尽力使得人物的精神状态能够从他的行动中看明白”。（契诃夫 1997：25）在幽默讽刺作品的创作中，契诃夫一方面善于将自己摆在客观冷静的旁观者位置上，以人物外貌、行为方式、情绪和感受的改变为描写对象；另一方面力求将人物置于不同评价观点之下，比如人物的自我评价、周围人对人物的评价、社会对人物的评价，以此来隐藏自己的观点和态度，通过他人之口表达讽刺和嘲笑，将人物身上的“奴性”刻画得淋漓尽致，弘扬了维护人的尊严的人文主义精神。对语篇隐含的巧妙运用，使行文在保持简洁风格的前提下达到“不动声色”的喜剧讽刺效果，是契诃夫个人风格众多方面中重要的、细致的一处体现。

2. 在契诃夫的小说作品中，读者不难发现作家“速写式”的叙事风格。

契诃夫常常概述或隐藏与故事主题、情节无紧要关联的次要性“催化”事件，使得与故事主题、情节有直接关系的“核心”事件紧密相连，以缩短叙事时间，实现叙述节奏的快速推进。所谓叙事时间，指的是故事在叙事作品中呈现出来的具体时间，与故事时间（故事发生的原始时间）一起构成小说中的两种时间系统。法国叙事学家热拉尔·热奈特（Gérard Genette）将故事时间和叙事时间的相互关系称为时距，划分出四种类型：概要（叙事时间小于故事时间），省略（叙事时间为零，故事时间无穷大），停顿（叙事时间无穷大，故事时间为零），场景（叙事时间等于故事时间）。这四种时距在叙事作品中交错运用形成了叙事节奏。作家可根据自己的喜好处理故事时间和叙事时间的关系，以达到理想的节奏效果。（连丽丽，吴维香 2018：151–152）

在小说《外交家》中，契诃夫讲述了皮斯卡烈夫上校受托去给九等文官米哈伊尔·彼得罗维奇带去他妻子去世消息的故事。故事共有三个场景。第一个场景是在文官太太安娜的家里。安娜的舅母与亲友们商议应当把安娜去世的消息通知与她分居的丈夫，并委托丈夫的好友皮斯卡烈夫上校跑这一趟。第二个场景是在丈夫米哈伊尔·彼得罗维奇的办公室里。皮斯卡烈夫上校为避免有病的米哈伊尔受到刺激，用上“外交手腕”絮絮叨叨地说了许多无关紧要的话，却又笨拙地透露出安娜已经去世的事，使米哈伊尔大受刺激。第三个场景又回到了安娜的家里。皮斯卡烈夫上校懊恼地表示事情办得并不顺利。这三个场景通过例文（1）和例文（2）的一两句话实现了快速切换：

(1) *Полковник Пискарев надел фуражку и отправился в правление дороги, где служил новоиспеченный вдовец. Застал он его за выведением баланса.*

皮斯卡烈夫上校就戴上帽子，动身到铁路管理局去，那个新丧偶的鳏夫就在那儿工作。上校走进去，那个人正为一张平衡表做计算工作。

(2) *Полковник махнул рукой, плюнул и вышел из правления. Придя в квартиру покойницы, он повалился на диван и схватил себя за волосы.*

(«Дипломат» Чехов, 1885)

上校挥一下手，啐一口唾沫，从机关里走出去，他来到死者的住宅里，往长沙发上一躺，揪住自己的头发。(《外交家》，汝龙译)

这个故事由三个核心事件“受托 — 转达消息 — 反馈”构成。相邻核心事件之间的催化事件是皮斯卡烈夫上校前往铁路管理局以及从米哈伊尔办公室返回安娜家。这两个催化事件的叙事时间远远小于故事时间，通过简短的概要对核心事件进行过渡。作者这样处理避免了核心事件中穿插多余的内容，使故事主线连接得十分紧凑。

除了概述与主线情节无紧要关联的催化事件，契诃夫也会将次要场景隐藏起来，通过段落的划分来实现叙事场景的快速切换。比如，在《带阁楼的房子》中，作者对主人公与友人在沃尔恰尼诺娃家中做客用餐的场景以及两人离开主家之后的谈话做了细致的描写。这两个场景的切换通过由一句话构成的段落来实现：

(3) *Когда мы возвращались домой, было темно и тихо. («Дом с мезонином» Чехов, 1895)*

我们回家的路上，黑暗而清静。(《带阁楼的房子》，汝龙译)

作家在提醒读者故事场景发生转变的同时省略和隐藏了晚餐如何结束、两人如何与主家告别的画面，大大加快了小说的叙述节奏，使读者的注意力始终放在更重要的故事情节上。这一特点在契诃夫众多小说作品中都有体现。

在《一个文官的死》中，故事核心事件是切尔维亚科夫的三次道歉。作家重点描述了道歉的场景，场景之间的转换各由一句话捎带而过：

(4) ***Придя домой***, *Червяков рассказал жене о своем невежестве.*

切尔维亚科夫回到家里，就把他的失态告诉他的妻子。

(5) *Так думал Червяков,* ***идя домой.***

切尔维亚科夫这样想着，走回家去。

(6) ***Придя машинально домой***, *не снимая вицмундира, он лег на диван и… помер. («Смерть чиновника» Чехов, 1883)*

他信步走到家里，没脱掉制服，往长沙发上一躺，就此…… 死了。(《一个文官的死》，汝龙译)

作家采用了句法重复的手段对切尔维亚科夫三次回家的场景进行概述，隐藏了人物回家途中的细节，以突出事件发展的关键性环节。契诃夫重视场景描写，却又不轻易展开场景描写。但凡作家重点描写的场景，一定是事件发展过程中的关键性环节，紧扣主题，“它能充分表现出构成事件发展基础的矛盾冲突，因而也能充分表现人物性格”。(汪靖洋1979：60）契诃夫在进行场景切换时采用的诸如段落的划分、句法重复等手段，一方面隐去了次要事件的场景，另一方面大大加快了叙事节奏，形成了“速写式”叙述的创作特点。

3. 契诃夫擅长以极为精简的文笔在较小的叙述空间里浓缩大量情节信息，这得益于作家对经济节约的语言手段的巧妙运用，以很少的文字表达更多的意思，形成了作品短小精悍、行文简洁凝练的创作风格。

实义切分理论把句子切分为主位（表述的出发点）和述位（表述的主要内容）两个要素。在言语实践中，句子的主位多用旧知表示，述位常用新知表示。不过，当主位和述位都是新知时，单个句子的信息量大大增加。新知在语篇的启句中做主位，这在文学作品中是常见现象，可用作一种信息压缩手段。在以简洁风格著称的契诃夫作品中，句子的主位–述位都是新知的现象不仅出现在启句里，在故事行文中间也出现得十分频繁，以达到只言片语却浓缩大量信息的效果。虽然主位和述位同为新知，都是作家要传达给读者的新信息，但相比而言，主位的新知通常作为前提性的、背景性的信息，一旦呈现给读者，下文中并不再围绕这些信息做过多叙述，而述位的新知是作家更加强调的内容，对继续推进下文情节起着重要的衔接作用。例如：

(1) *Нина Федоровна была московская уроженка.* ***Детство и юность ее и двух братьев прошли на Пятницкой улице, в родной купеческой семье.*** *(«Три года» Чехов, 1895)*

尼娜·费多罗芙娜是在莫斯科出生的。她和两个弟弟在皮亚特尼茨基街上自己的商人家庭里度过童年和少年时代。(《三年》，汝龙译)

在此处情节之前，作家只向读者交待了主人公拉普捷夫有一个姐姐尼娜，并无其他相关家庭成员的信息。第二句话可切分为：*Детство и юность*(T_1) *ее и двух братьев* (T_2) */ прошли на Пятницкой улице, в родной купеческой семье (P).* 句中补语“*Детство и юность*”作第一主位，主语“*ее и двух братьев*”作第二主位，动词谓语“*прошли*”和状语“*на Пятницкой улице*”“*в родной купеческой семье*”作综合述位。主位和述位各部分的内容对于读者来说都是全新的。作家在一个句子中表达出了原本由多个句子传递的信息：尼娜·费多罗芙娜有两个弟弟；他们出生在一个商人家庭里；他们的家在皮亚特尼茨基街上；他们在皮亚特尼茨基街度过了童年和少年时期。与主位的新信息相比，作者更想强调的是述位中的新信息 —— 尼娜的商人家庭，后文接着就对尼娜的家庭状况和生活情形展开了叙述描写。类似的例子如下：

(2) *Три сестры Володи, Катя, Соня и Маша – самой старшей из них было одиннадцать лет, – сидели за столом и не отрывали глаз от нового знакомого. («Мальчики» Чехов, 1887)*

沃洛嘉的三个妹妹是卡嘉、松尼雅、玛霞，其中年纪最大的一个十一岁，她们围着桌子坐着，目不转睛地瞧着她们的新相识。(《男孩们》，汝龙译)

段落首句的主语“*Три сестры Володи*”及其独立同位语“*Катя, Соня и Маша*”构成综合主位，述位“*сидели за столом и не отрывали глаз от нового знакомого*”对三姐妹的行为状态进行了报道。该句的主位与

述位都是前文没有出现过的新知，主位向读者透露了“沃洛嘉有三个妹妹”“沃洛嘉的三个妹妹叫卡嘉、松尼雅、玛霞”两项新信息。首句之后作家开始对述位中出现的重点信息——“新相识”进行详细刻画。

将主位和述位都安排为新知，以紧缩的言语表达形式传递更多的信息，这是语篇隐含的一种构建方式，属于言语隐含的一种情形。契诃夫小说作品的叙述语言朴素精练，通过对信息进行折叠压缩，快速交代人物的生活经历、家庭状况或事件的细枝末节。作家把读者尚不知道的信息作为背景信息介绍出来，避免了叙述过程中出现言语累赘，同时达到紧紧吸引读者注意力的目的。

4.契诃夫小说作品的起承转合极富个人特色。故事的开端大都开门见山，无须做过多铺垫。

在讲述故事的过程中，作家善于将人物性格的形成、事件的始末缘由通过旁人之口侧面交代，或是通过解释性的叙述对人物和事件进行补充性的刻画。同时，作家也善于制造出乎意料的转折，引起戏剧性的变化冲突，带来出其不意的效果。故事的结局往往戛然而止，干净利落，作家并不直接揭露人物的最终命运或事件结局，而是引导读者凭借作家的暗示去推测，令读者感慨和回味。例如：

(1) ***Жена титулярного советника Анна Львовна Кувалдина испустила дух.***

– Как же теперь быть-то? – начали совещаться родственники и знакомые. – Надо бы мужа уведомить. ***Он хоть не жил с нею, но все-таки любил покойницу. Намеднись приезжал к ней, на коленках ползал и всё: «Анночка! Когда же наконец ты простишь мне увлечение минуты?» И всё в таком, знаете, роде****. Надо дать знать…(«Дипломат» Чехов, 1885)*

九等文官的太太安娜·尔沃芙娜·库瓦尔津娜咽气了。

“现在可怎么办？”她的亲戚们和朋友们开始商议，“应当通知她的丈夫才对。他虽然同亡人不在一起生活，可是仍旧爱她。前几天他到她这儿来，在她面前跪下，一个劲儿地说：‘安诺琪卡！你到底什么时候才能原谅我那一时的迷恋？’这类的话，您知道，他说了许多。应当让他知道才是……”（《外交家》，汝龙译）

《外交家》的故事开篇就直接交代了事件的起因：文官的太太去世了。读者立刻被带入故事情节中。第二段通过亲友之口侧面透露出文官和太太的生活现状和相互关系：两人眼下已经分居，分居的原因是文官对妻子有了不忠的行为，文官恳求妻子原谅，但妻子始终没有原谅他。作家在短短几行文字中完成了故事的起和承。再例如：

(2) *До самой квартиры Кнапса приятели не сказали больше ни одного слова. Только когда Кнапс пожал поручику руку и отворил свою калитку, Дубов кашлянул и как-то нерешительно выговорил:*

– Вы не знаете, здешние живодеры собак принимают или нет?

(«Дорогая собака» Чехов, 1885)

两个朋友一直走到克纳普斯的住处，再也没说一句话。临到克纳普斯握一握中尉的手，推开他住宅的旁门，杜包夫这才咳嗽一声，有点迟疑不决地说：

“您可知道本地那些以剥畜皮为业的人还收不收狗？”（《贵重的狗》，汝龙译）

小说《贵重的狗》讲述了中尉杜包夫向军人克纳普斯积极推销自己的狗的故事。故事开篇杜包夫强调这是自己斥巨资买回来的一条出色的“纯种英国猎狗”，故事的主体部分围绕杜包夫劝说克纳普斯买下“爱犬”展开。杜包夫将狗的价格从五十卢布降到二十五卢布再到白送，克纳普斯都一再表示不愿意接受。故事讲到这里已接近尾声，杜包夫突然问起剥畜皮的人是否还收狗，这时读者才恍然大悟，原来之前杜包夫口中对狗的珍视和疼爱都是假的，他这么急迫地想要转手这条狗是因为这是一条弄脏了房间、偷吃光了肉的杂种狗。这一处情节转折带来的效果是，读者无须作者直接点评所刻画人物的言行就能领会到人物的虚伪、冷漠和残忍。

(3) – *Прощайте! – сказал Кнапс.*

Калитка хлопнула в поручик остался один. («Дорогая собака» Чехов, 1885)

“再见！”克纳普斯说。

旁门砰的一声关上，门外就剩下中尉一个人了。(《贵重的狗》，汝龙译)

故事干净利落地结尾，作家并没有交代杜包夫下一步如何处理这条狗，但有一点是肯定的，等待这条狗的是被遗弃甚至被屠宰的命运。

类似令人唏嘘不已的是小说《万卡》的结局。当读者看到万卡将没有贴邮票、没有写清地址和收件人的信塞进邮筒，就已经知道了万卡今后还将继续过着悲惨的生活。读者能对故事结局进行准确的推测是基于作家对人物性格和场景细节的详细刻画。契诃夫是十分信任读者的，他认为在短篇小说中无须将所有事情说透，只要叙述就行，读者有足够的智慧将自己没有写出来的内容想象和补充出来。契诃夫曾这样说，“通常初写作的作家如同大家常说的那样极力‘引人走近小说’，倒有一半写的是废话。应当写得让读者无须作者说明就可以从小说的进程中，人物的谈话中，他们的行动中，明白是怎么回事。”（契诃夫 1997：364）

契诃夫创作的全部个人风格远不止笔者所列举的上述四个方面，本书仅就与语篇隐含有密切关联的作家个人风格展开论述。独特的个人风格是“作家在自己丰富的生活基础上不断追求和探索，不断思考和发现，并且继承和吸收前辈和同辈作家创作经验的结果”。（刘建中 1983：34）契诃夫主张在题名、题材、写作方法、句子结构方面都要别具一格。对于契诃夫而言，客观、简洁、含蓄、真实、生动是作家最为强调和推崇的。其中，含蓄“不单单是作家写作特色的问题，而且有作家如何看待他的读者的问题。艺术作品的完整创作过程既包括作者的创造，又包括读者的理解和想象的补充即再创造”。（刘建中 1983：18–19）换言之，语篇隐含一方面帮助作者塑造艺术形象，向读者传达作者情感态度，在呈现个人风格进而提升作品审美价值方面发挥着不可忽视的作用，另一方面成为作者和读者之间思想的纽带和对话的桥梁。

文学语篇的内部结构比其他任何语篇都要复杂，它有一套特殊的“美学规则”（эстетический закон）和“语言运用的自由”（свобода языкового употребления），其语言构成相互之间存在不同层次的组合与聚合关系。不同的语言手段在物质形式、语义、形象性、感情表现力色彩、功能色彩等方面各有特点。在契诃夫构建语篇隐含的常用手段中，从词汇的选择、句子结构的安排到修辞手段的巧妙运用，作者激发了语言手段在形象塑造中各自的美学潜能。比如，在参与构建作品美学组织的语言系统层级单位中，词汇作为最基础的语言单位发挥着重要作用。进入作品语境中的词汇不仅与客观现实发生联系，还与作品中创造性塑造出来的特殊世界发生联系，带来意味上的细微差别和丰富色彩，并充当形象思维的工具。（Тлехатук 2010：143）修辞手法则更是自带强烈表现力和感染力的重要形象塑造手段，作者按照自己对生活的观察和体会运用恰当的辞格，在表达上创新，力求使形象既鲜明生动又含有深刻的寓意。契诃夫一贯主张简洁，反对冗长、废话，因此，作家在刻画形象时注重把握描写对象主要的、表现力强的特征，同时善于在遣词造句时对内容信息进行压缩折叠。白春仁这样评价契诃夫的创作：“他在常用词语中翻出新意，善于简化句构，在简洁中显出变化，在平实中感到精粹。”（白春仁 1993：35）

契诃夫小说内容上的独特美感备受文艺界的赞美与推崇。俄罗斯著名作曲家拉赫玛尼诺夫（С.В. Рахманинов）曾言“美妙的契诃夫的音乐性”让自己倾倒，这种音乐性来自作家张弛有致的叙述节奏以及言犹未尽的无声的回响。托尔斯泰（Л.Н. Толстой）同样对契诃夫的短篇小说给予极高评价，称其为“散文中的普希金”，他的作品使人感到真诚、亲切。作家丢弃虚假的谦虚，以真诚和俄罗斯式的童真创造了“对全世界都是全新的文学形式”。契诃夫曾在书信中强调自然的描写应当非常简练，而且带一种偶然的性质。“不要那种政治、社会、经济性质冗长的高谈阔论；彻底的客观态度；人物和事物的描写的真实；加倍的简练；大胆和独创精神，避免陈词滥调；诚恳”。（契诃夫 1997：24）客观地反映生活本来的面目是契诃夫创作的一个中心原则，作家不会主观臆造什么，他凭借惊人的观察力和入微的洞察力发掘社会生活的本质方面，又能以小见大，反映出不平常的、具有深刻意义的东西。尽管契诃夫主张客观描写，但却不是不要思想和态度。作家对生活的认识和评判不由自己亲自说明，而是“寓于生动的形象中，渗透进作品的艺术组织，使读者看到作家在作品中生动地、似乎是客观地展现出来的图景，就能受到艺术感染，进而思考一些问题，自己得出必要的结论”。（叶锐明 1979：50）因而契诃夫常将主观态度隐藏起来，不对描写对象生硬地发表议论，通过语篇隐含将自己的思想与作品的艺术组织有机融合在一起。

利哈乔夫（Д.С. Лихачев）曾说：“文艺作品的审美印象不仅与信息的获取有关系，同时还与接收者创造性地对艺术作品进行回应的行动有关”，“在读者、观众或听者眼中，文艺作品是一种永恒实现着的创作行为 …… 对文艺作品的理解具有一种包容性，对于不同的人、不同的时代和不同的社会环境而言，理解可以是多样性的。因此，对文艺作品的个性化再现并不总是与创作者的意图完全一致，并且创作者意图本身也并不总是确切的”。（Лихачев 1973：394–395）也就是说，不同读者对于即使同样的作品，他们的审美感受和体验必然有所差别。但同时我们也应注意到，语篇诠释的多样性并不是无限的、任意的，诠释方案的多样性取决于语篇本身的结构及各部分要素间的相互联系。因此，对作品审美价值的赏析也应立足于作者的创作风格与个人特色。

5.3 本章小结

语篇研究的路径可以是“从作者到语篇”（借由作者的生平、心理、所处时代去理解语篇），“从语篇到作者”（通过语篇结构特征、篇内各单位间联系、语篇内容信息去分析作者创作意图与特色）或者“从读者到语篇”（发掘读者在语篇解码过程中的能动作用与理解机制）。本书选择的路径是从语篇本身出发，从揭示语篇隐含的属性特征、内容类型、语言表达手段入手，到分析语篇隐含在文学语篇中发挥的功能。

语篇隐含的功能，一方面包括其作为文学语篇深层意思结构的组成部分在帮助语篇形成语义统一体和修辞完整性中发挥的构建功能，另一方面包括语篇隐含以其丰富、特殊的语言表达手段提升作为完整言语产品的文学语篇美学价值的审美功能。

文学语篇的意思空间由表层内容和深层潜藏的意思结构综合体构成。笔者遵循隐含研究语义途径的观点，将语篇隐含看作语篇深层意思结构的重要组成部分，与语篇创作者有意识选取的特殊信息传达方式有关，能够通过对外显信息进行分析加工来获取。语篇隐含既帮助实现了文学语篇复杂语义空间的构建，也是导致文学语篇解读多义性的原因之一，在语篇构建中发挥着帮助语篇实现语义衔接、语义节省及增强作品表情性的功能。

作为语篇重要范畴特征之一的关联性，其实质是语篇相互联系着的片段之间传达着相同的主题信息。关联性既具有自身意义，又有实现这一意义的语言手段体系，其表达手段可以是显性的，也可以是隐性的。语篇隐含通过自身构建手段的外部结构形式标志把不同的语篇片段通过主题信息的相关性联系在一起，从而帮助语篇实现了关联性特征。

语篇的信息性是衡量语篇价值的相对标准，只有新的、有效用的、有语用功能的信息才具有其价值性。由于语言符号的非对称二元性，从语篇表层结构中提取的信息与深层结构表达的信息量不吻合，从而形成语义节省和语义富余的情况。语篇隐含的存在方式之一是信息的折叠压缩，或是将原本由数个句子表达的若干信息合并到一个句子中实现所指层面的扩展和能指层面的收缩，或是采用跳跃性叙述产生字面内容的空缺。借此，语篇隐含帮助实现了语篇的语义节省，提升了信息保有量，使语篇片段意思产生多义性、不确定性和模糊性特点。

语篇的表情性体现了作者对客观现实的情感性理解并将其传递给接收者的意图，它增加了意思传递的强度，呈现语篇创作者的内部状态，与感情评价范畴密切相关。文学语篇的表情性手段十分丰富，尤其与修辞手段有关。语篇隐含的构建手段往往能在表达隐性主观感情评价信息的同时塑造作品的情感氛围，赋予行文以强烈的表现力。

文学作品的审美价值来自艺术现实之美和文学形式之美，集中体现在文学语言的形象性、情感性及作者个人风格上。成功的艺术形象真实并且和谐，形象塑造的过程离不开作家的形象思维和物质的语言形式手段。作者的情感态度是维系作品同作者、读者审美联系的纽带。个人风格是作家对语言表现手段进行个人独特的审美运用的体系，在作品结构中决定了审美方向，体现作者的审美观和艺术观。

通常情况下，文学语篇很少外显地展现作者的美学信念。作者构建语篇隐含时采用的语言表达手段如外语词、句法重复、对照等可帮助塑造具有审美价值的艺术形象，在刻画形象时注入深刻的寓意。另外，词的伴随意义成分、词汇重复、段落的划分等可帮助间接传递作者的主观感情评价信息，保持叙述节奏的张弛有度和思想表达的含蓄委婉。最后，作者对语篇隐含语义的语言表达手段的选择和偏好受到个人风格的影响，在提升作品审美价值方面发挥着不可忽视的作用。本书所用语料的作者契诃夫，他在文学创作中一贯坚持客观、简洁、含蓄、真实、生动的创作原则，通过对语篇隐含的巧妙运用，呈现出自己别具一格的个人风格：客观冷静的叙述态度、“速写式”的叙事节奏、简洁精练的行文风格以及作品独创一格的起承转合。契诃夫通过语篇隐含与读者建立起思想交流的纽带和对话的桥梁，给读者带来独特的审美感受。

第六章　结语

本书以《语篇隐含的语义与功能研究 —— 以契诃夫小说为例》为题，以俄语语篇隐含为具体研究对象，结合语篇语言学、语义学、修辞学等领域的理论和方法，探讨了隐含与语篇隐含的本质属性特征及文学语篇隐含的类型划分；运用语言学研究方法，以契诃夫小说作品为语料，归纳总结了作家最典型的语篇隐含语义的语言表达手段，并对语篇隐含的功能进行了深入分析。与国内已有研究相比，本书一方面更注重对有争议性或含混不清的基础理论问题进行探讨，比如对隐含研究两个主要层面的梳理、隐含与相关概念的区分等。另一方面，本书对语篇隐含进行类型划分时考虑到了语篇的内容层次、语体类型、体裁类型等因素，使分类更具有针对性。此外，在语料的选择上，本书突破了以往研究大多只着眼于文学作品中人物对话言语的局限性，将文学语篇的所有组篇成分都纳入观察范围内。

根据绪论中提出的研究任务，笔者在对关键性理论问题进行阐述以及文学语料的例证分析过程中，得出了以下结论：

1. 隐含现象的实质是语言单位和言语产品表达层面与内容层面的不对称关系。

通常情况下，人类思想的内容总是要比其呈现在语言单位中的表达更为丰富。隐含作为一种复杂的多层面现象，其复杂性源于既可以作为人类共相也可以作为不同民族和个体话语类型的语言，源于语言操纵者人以及所有与人所进行的言语活动相关的因素，源于其自身的多种产生根源和条件。隐含的产生和理解首先涉及人的心智活动，以人的大脑有意识地把知识以未展开的、不明朗的形式储存下来并将其展开、提取的能力为前提；其次，与人的心理活动有关，依赖于人对事物之间的联系及特定情境的整体感知；最后，同样离不开人对语言知识和言语运用的掌握以及认知语境。

隐含具有以下本质特征：不对称性，因语言符号表达层面与内容层面缺少同构性，通常情况下内容层面比表达层面更加丰富；两层面性，广泛存在于不同语种的语言层面和言语层面，前者是语言单位的内在属性，后者与言语运用息息相关；间接性，必须通过特殊方式间接表达出来，否则隐去的内容无从理解；可获知性，能够被接收者依靠本能的语言意识或逻辑思维活动理解，否则隐含失去了存在的必要；与显性成分相互作用，离不开它所依赖的外部表达形式的物质基础及显性语义成分；非单义性，不同于显性内容获知的单义性和确定性，隐含的解读结果取决于接收者的主观能动作用。

根据这些本质特征，隐含可被定义为：语言单位和言语产品间接表达出来的意义、意思或内容。它与语词表达的外部形式及显性语义成分相互作用，能够被接收者所感知，通过接收者的惯性语言意识或逻辑思维活动获得理解，但理解结果可能因接收者的个人因素而产生差异。

笔者提出了两种划分隐含类型的依据。首先，根据语言和言语的对立关系将隐含划分为语言隐含和言语隐含。前者是语言单位固有的语义和句法特征，这些特征没有特定的具体形式标志和明显的类别意义，它们潜在地影响着语言单位在组合关系中与其他单位的搭配，在构建、释义和信息传递方面制约着语言的理解和使用。言语隐含是言语单位以间接方式传递的主客观信息、交际者真实意图以及言语接收者付出额外努力获得的补充性理解。其次，根据语言系统层级将隐含划分为：形态层次的隐含，与语法范畴的间接形式体现有关；词汇层次的隐含，主要依靠词汇非指称性质的伴随意义成分；句子层次的隐含，包括句子间的隐性联系和表层结构中没有直接体现的深层语义内容；超句层次的隐含，存在于比句子更大的单位中，如超句体或语篇片段。

2. 隐含虽与潜台词、蕴涵、预设、含意、省略等概念密切相关，但并非同等现象。

潜台词自文艺学和影视戏剧领域进入语言学领域，其通俗的解释为“暗含的、没有用语词表达出来的深层内容”。潜台词与隐含的相似之处体现在：同以语言为其物质根源；同属于潜藏在深层次的内容；都可透过字面意思获知；都可表达情感态度内容。两者的区别性特征包括：涉及语言层次不同，潜台词涉及语句及语篇，在文学语篇中尤为典型，隐含既存在于语言系统不同层次单位中，又是言语产品的属性；在语篇中的作用范围不同，潜台词实现于整个作品的宏观上下文中，隐含的作用范围则限于语篇的微观上下文；存在方式特点不同，潜台词依靠语言单位分散的、远距离联系，隐含则多数依靠语篇单位的近距离线性联系；理解的必须性非必须性，潜台词并非言语产品上下文里必须理解的内容，隐含若不被获知则影响到对整个语篇的理解；功能性不同，潜台词深化情节、揭示作品主题，隐含旨在提供信息、间接服务于主题思想的表达。

蕴涵是从语篇同列单位中得出的没有以语词手段表达的补充性的隐藏意思，相当于借助“если...то...”结构组合成的复合句中没有出现的前项或后项。蕴涵可以传达事物-逻辑信息及情感-评价信息，同样实现于语篇的小语境范围内。预设是语篇接收者或提前知悉的或从语篇中推断出的背景知识。预设与蕴涵的区别在于，预设并非语篇创作者重点突出的新内容，它更多地作为事件背景或前提内容；蕴涵是创作者促使接收者进行逻辑推理活动，意图传递给接收者的新信息。预设与蕴涵同为隐含的两种呈现方式。含意是说话人违反合作原则使得话语中出现的与字面意思不符的真实意图。笔者把含意看作隐含的一种类型，属于言语隐含。含意与蕴涵的区别在于，含意是从有交际者参与的会话片段中获取的隐性附加意思，而蕴涵则出现在语篇的非会话片段中。省略与以上概念都不相同，它是句法构造在结构上的缺失、不完整，而隐含是意义存在但无法在结构上补充出来，两者有本质区别。

3. 语篇隐含的类型划分需遵循区别不同语体类型、体裁类型以及严格区分形式删略与意思隐藏的原则。

语篇隐含是在语篇微观上下文中由创作者间接、隐晦表达的意思成分，包括关于现实或非现实世界的客观内容，对客观现实的主观认识、态度和意图以及接收者附加性、联想性的补充理解。语篇隐含的本质特征包括以下几点：它所存在的范围界限是语篇微观上下文，通常是一个或几个超句体、对话统一体或段落；不具备明显的标记性；对于某一功能语体来说具有相对的共性特征，对于具体创作者的语篇来说又具有绝对的个性特征；其存在符合语篇创作者的主观意图，其功能主要在于向接收者提供新的、有价值的、对掌握整个语篇主要内容至关重要的信息；其获知依靠语篇接收者在长期言语实践中积累的语言知识、日常生活中积累的百科知识和演绎推理能力，语言语境和情景语境是进行逻辑推理活动的关键要素。

语篇隐含的划分一方面需要考虑语篇的内容层次问题，即语篇信息类型问题，另一方面需要遵循三个基本原则：区别不同的功能语体类型，其中文学语体与科学语体、公文事务语体、报刊政论语体、日常口语体存在显著区别，前者为隐含提供了丰富的物质存在条件和开放的语义空间；在同一功能语体类型中，还需针对不同的体裁类型，因为不同体裁赋予言语以不同特点，影响到作为语篇物质载体的言语组织；严格区分形式上的删略和意思上的隐藏，将性质截然不同的结构上的缺省排除在本书讨论范围之外。

4. 文学语篇中的隐含类型包括客观事实隐含、主观感情评价隐含、交际隐含和文化隐含。

文学语篇隐含类型的划分要结合言语组织特点与内容类型特征。文学语言的最突出特征是它具有独特的美学功能，与艺术活动特有的形象思维相联系。文学语言的艺术形象性是文学语篇的本质属性，不仅使用具体的、生动的形象性语言手段，还运用语言本身来塑造艺术形象。文学语篇不仅具有语义信息，还具有美学信息，作者向读者呈现自己塑造的世界，以此对读者施加影响力，征服读者的想象力。

文学语篇中的隐含可划分为：客观事实隐含、主观感情评价隐含、交际隐含和文化隐含。客观事实隐含是没有直接呈现给语篇接收者的关于现实或非现实世界里正在发生、已经发生或将要发生的事实、事件、过程的信息。其间接性和隐藏性一方面体现为信息的折叠压缩，另一方面体现为因跳跃性的言语表述产生的语义空缺。主观感情评价隐含是语篇创作者在陈述、描写、议论人物、事件、现象时潜藏的、隐晦的情感态度和评价立场。交际隐含主要出现在语篇的人物对话部分，是言语发出者隐去的与字面意思无关的、规约性程度不同的意向性意思。文化隐含是语篇创作者间接呈现的语篇所处的语言文化外部环境，具有鲜明的民族性，可通过静态文化关联所产生，或通过文化预设来实现。

5. 契诃夫小说作品中典型的语篇隐含语义的语言表达手段可从词汇手段、句法手段及结构－修辞手段三个主要方面来归纳分析。

词汇手段包括词的伴随意义成分、词汇重复、外语词。词的伴随意义成分促使语篇接收者根据词的所指意义联想到在性质、功能、形状等方面相似的事物，进而使接收者领会到创作者在具体语境中赋予词义的形象色彩和情感意味。词汇重复主要出现在相似句子结构中或者相近的事件情景中，可增强言语表现力和感染力，丰富感情评价色彩，有时被作者赋予象征性意义，帮助体现作品主题。外语词可侧面反映作品创作时代背景下的社会生活特征，也可反映关于人物角色的隐藏信息如社会地位、阶级层次、教育水平、言语特点、性格特征等，以及显示或炫耀身份地位、追逐言语潮流或表达某些情感态度等的交际意图。

句法手段包括嵌入结构、句法重复。嵌入结构的具体形式一般是单个词、词组或句子被放置到核心句中间，与其产生语义或句法上的联系，打破所述事件和观点的连续性，起着添补信息、详细说明及侧面呈现人物心理状态的作用。句法重复是相近的句法结构在后续表述中再次出现并伴有不同的词汇填充，使行文产生特殊强调效果，帮助侧面刻画日常生活、人物内心状态和思维方式、使形象具备象征意义等。

结构-修辞手段包括段落的划分、对照、平行结构。段落作为一种结构-修辞单位，其划分取决于语篇的语用宗旨和作者的语用宗旨，能够体现作者对所叙述内容的态度，体现作品的修辞倾向。对照通过概念、观点、形象、状态的强烈反差以增强表现力，具体实现形式为语义相反的词的组合运用，被对照的两个部分相互阐释和渲染，将作者要表达的思想以压缩形式呈现。平行结构是相似句子成分在两个或更多个句子中的相同布局，用于列举、比较和更进一步的详细说明，参与情节构建、动作主体及客体的特点描述、串连叙述主题等，可传递潜在信息如人物性格及行为特征的间接塑造。

6. **语篇隐含在文学语篇中主要发挥着语篇构建功能及审美功能**。

首先，语篇隐含作为文学语篇深层意思结构的组成部分，既帮助实现了文学语篇复杂语义空间的构建，也是导致文学语篇解读多义性的原因之一。语篇隐含在帮助文学语篇形成语义统一体和修辞完整性中发挥的语篇构建功能主要体现在三个方面：第一，语篇隐含既能从形式上连接不同的语篇片段，又能反映这些片段之间的语义联系，进而帮助实现语篇的关联性范畴特征。第二，语篇隐含通过对信息折叠压缩，在保证信息量不变的情况下用尽可能精简的言语传达信息，或者采用跳跃式的叙述产生字面内容的空缺，以此来实现语义节省，提升语篇信息的保有量。第三，语篇隐含语义的语言表达手段赋予作品言语强烈的表现力和表达的丰富性、细腻性，增加意思传递的强度，有助于更饱满地传递作者的思想和感受，提升作品表情性。

最后，文学作品的审美价值集中体现在文学语言的形象性、情感性及作者个人风格上。作者构建语篇隐含所采用的语言表达手段在帮助塑造具有审美价值的艺术形象的同时注入深刻寓意，帮助传递作者的情感内容和评价立场，实现思想表达的含蓄委婉。作者对语篇隐含语义的语言表达手段的选用和偏好受个人风格的影响，在作品结构中决定了审美的方向，帮助作者将自己的审美观和艺术观与作品的艺术组织融合在一起，带给读者言犹未尽的审美体验，进而提升文学作品的审美价值。

7.契诃夫独特个人风格的形成及其小说作品的审美价值离不开对语篇隐含的巧妙运用。

个人风格是作家对语言表现手段进行个人独特的审美运用的体系。作为文学作品的典型特征，语篇隐含与个人风格有着必然的联系。文学作品中的语篇隐含能够体现作者写作手法、语言特点和创作艺术性等特征。

契诃夫坚持客观、冷静地讲述故事，鲜少对笔下人物和事件直接发表议论和评价，他善于将情感态度隐藏在对人物言行、心理活动以及事件细节的刻画描写中。作家常常概述或隐藏与故事核心事件无紧要关联的次要事件，以加快叙述节奏，缩短叙事时间，形成了“速写式”的叙事风格。契诃夫的小说作品短小精悍，行文简洁凝练，通过使用信息压缩手段，将丰富的情节内容凝练在只言片语中。作家讲故事一贯开门见山，免去多余的铺垫；制造出乎意料的转折，引起戏剧性的变化冲突；结局戛然而止，言犹未尽，引人深思。契诃夫在构建语篇隐含时所选择的各种语言手段在结构形式、语义表达、形象性、表现力和情感色彩方面极富个人特色，大大激发了语言手段的美学潜能，形成了作品的独特美感。

尽管本书解决了绪论中提出的问题、完成了设定的研究任务，但限于笔者当前的研究水平和认识能力以及写作时间和篇幅，本书还存在着些许遗憾和不足。首先，对语料的研读和分析还可以更为全面、细致。契诃夫小说作品的最突出特征是语言形式上的简洁明了及内容上的意味深刻，因而十分适宜用作分析语篇隐含的材料。作为俄国文坛的短篇小说巨匠，契诃夫伟大的语言艺术值得研究者对作品反复阅读、深刻体会作家笔法的精妙之处。其次，对作家采用的隐含语义语言表达手段的总结和归纳还不够全面。文学语言的创造性和可塑性以及众多修辞手段为形象塑造提供的可能性决定了作家构建隐含手段的丰富性和多样性。本书所概括归纳的仅仅是其中一部分，若要全面呈现最为详细的手段分析描写，还需要投入更多观察和研究。最后，本书的研究路径是“从语篇到作者”，研究文学语篇隐含的下一阶段目标可以是对作者语言个性及个人风格的重点研究。目前本书在第五章第二小节中对契诃夫的个人风格从四个方面进行了论述，但作家创作的全部个人风格远不止这四个方面，还可以从更多角度深入探讨。以上三点是笔者未来继续完善本书研究时可以推进的方向。此外，对语篇隐含的研究可以突破俄语这一语种，将本书的理论成果和分析方法运用到汉语语篇、英语语篇中去，也可将本书的研究方法从叙事作品推广到抒情作品、戏剧作品或者其他语体及体裁类型如科普语篇或特写、讽刺小品等带有文学性的报刊体裁的研究中去。

参考文献

[1] 安利. 语篇的信息类型[J]. 外语学刊, 2006（1）：68–72.

[2] 安利. 语篇信息性在俄罗斯和德国的不同解读[J]. 首都外语论坛, 2010：138–147.

[3] 安利. 词汇重复的语篇衔接功能[J]. 中国俄语教学, 2011（1）：50–54.

[4]（俄）巴赫金. 文本·对话与人文[M]. 白春仁，等译. 石家庄：河北教育出版社，1998.

[5] 白春仁. 文学修辞学[M]. 长春：吉林教育出版社，1993.

[6] 陈嘉映. 语言哲学[M]. 北京：北京大学出版社，2003.

[7] 陈铭. 语篇成分中的预设研究[J]. 中国俄语教学，2019（3）: 30–36.

[8] 崔卫. 俄语蕴涵、隐含和含义之理论问题分析[J]. 中国俄语教学，2007（2）：23–27.

[9] 崔卫. 文化隐含论[J]. 外语与外语教学, 2007（3）：5–7.

[10] 邓军. 句子及篇章的蕴涵意义[J]. 外语学刊, 1993（5）：16–22.

[11]（瑞士）费·德·索绪尔. 普通语言学教程[M]. 高明凯，译. 北京：商务印书馆, 1980.

[12]（瑞士）费·德·索绪尔. 普通语言学教程[M]. 高明凯，译. 北京：商务印书馆，2009.

[13] 华劭. 语言经纬[M]. 北京：商务印书馆，2005.

[14] 华劭. 隐性范畴的探讨[C]// 华劭. 华劭集. 哈尔滨：黑龙江大学出版社，2007a：46–72.
[15] 华劭. 语义模块理论与词典[C]// 华劭. 华劭集. 哈尔滨：黑龙江大学出版社，2007b：127–133.
[16] 华劭. 关于语句意思的组成模块[C]// 华劭. 华劭集. 哈尔滨：黑龙江大学出版社，2007c：134–157.
[17] 黄国文，丁建新. 沃尔夫论隐性范畴[J]. 外语教学与研究，2001（4）：299–306.
[18] 黄苏华，刘光准. 俄语语言文化辞典[M]. 郑州：文心出版社，2005.
[19] 蒋国辉. 嵌入结构浅说[J]. 中国俄语教学，1983（4）：36–39.
[20] 姜望琪. 语篇语言学研究[M]. 北京：北京大学出版社，2011.
[21] 连丽丽，吴维香. 思想的沉重与技巧的轻盈——果戈理与契诃夫作品研究[M]. 北京：中国致公出版社，2018.
[22] 刘建中. 试论契诃夫短篇小说的艺术特色[J]. 国外文学，1983（3）：15–36.
[23] 刘春杰. 俄语篇章中词汇重复研究[J]. 外语学刊，2011（3）：42–45.
[24] 吕凡，宋正昆，徐仲历. 俄语修辞学[M]. 北京：外语教学与研究出版社，1998.
[25] 吕叔湘. 汉语句法的灵活性[J] 中国语文，1986（1）：1–9.
[26] 吕叔湘. 汉语语法分析问题[M]. 北京：商务印书馆，2018.
[27] 倪波，顾柏林. 俄语语义学[M]. 上海：上海外语教育出版社，1995.
[28]（俄）契诃夫. 契诃夫论文学[M]. 汝龙，译. 合肥：安徽文艺出版社，1997.
[29] 史铁强，安利. 语篇语言学概论[M]. 北京：外语教学与研究出版社，2012.
[30] 束定芳. 认知语义学[M]. 上海：上海外语教育出版社，2008.

[31] 孙夏南. 交际语法的重要课题 —— 句子语义内容隐性初探[J]. 中国俄语教学，1995（4）：1-5，40.

[32] 汪靖洋. 加倍的简练 —— 契诃夫短篇小说的艺术特色[J]. 南京师大学报（社会科学版），1979（2）：56-63，96.

[33] 王辛夷. 俄语语篇中段落的功能及其划分原则[J]. 中国俄语教学，2010（2）：31-35.

[34] 王辛夷. 俄语文艺语篇中嵌入结构的表情性功能及其表达方式[J]. 中国俄语教学，2017（3）：33-39.

[35] 王辛夷. 俄语文学语篇中嵌入结构的语义衔接功能[J]. 语言学研究，2018（1）：97-110.

[36]（美）沃尔夫. 论语言、思维和现实 —— 沃尔夫文集[M]. 高一虹，等译. 北京：商务印书馆，2012.

[37] 吴国华. 文化词汇学[M]. 哈尔滨：黑龙江人民出版社，1996.

[38] 吴贻翼，等. 现代俄语语篇语法学[M]. 北京：商务印书馆，2003.

[39] 萧国政. 现代汉语的隐性语法范畴[J]. 华中师范大学学报（人文社会科学版），1999（2）：45-53.

[40] 熊学亮. 认知语用学概论[M]. 上海：上海外语教育出版社，2000.

[41] 许汉城. 交际 · 对话 · 隐含[M]. 哈尔滨：黑龙江人民出版社，2006.

[42] 徐思益. 谈隐含[J]. 新疆大学学报，2000：91-95.

[43] 徐翁宇. 语句的含意 —— 言语的隐性范畴[J]. 外国语，2004（6）：39-44.

[44] 徐翁宇. 俄语对话分析[M]. 北京：外语教学与研究出版社，2008.

[45] 叶锐明. 契诃夫小说创作的若干特点[J]. 西南师范大学学报（人文社会科学版），1979（3）：47-53.

[46] 张国宪. 谈隐含[J]. 中国语文，1993（2）：126-133.

[47] 张家骅. 俄罗斯语义学[M]. 北京：中国社会科学出版社，2011.

[48] 赵爱国. 语言文化学论纲[M]. 哈尔滨：黑龙江人民出版社，2006.
[49] 赵国栋. 隐性范畴与语言研究 —— 以隐性范畴对动词体的制约为例[J]. 解放军外国语学院学报，2010：33–37，40.
[50] 周民权. 俄罗斯语言学家对言语行为理论的贡献[J]. 外语学刊，2010（3）：97–101.
[51] 庄锡昌. 多维视野中的文化理论[M]. 杭州：浙江人民出版社，1987.
[52] AUSTIN J L. How to do things with words[M]. 北京：外语教学与研究出版社，2002.
[53] ROBERT DE BEAUGRANDE, DRESSLER W U. Introduction to text linguistics[M]. London: Longman, 1981.
[54] BROWN P, LEVINSON S. Universals in language usage: politeness phenomena[C]// GOODY E N. (ed.) Questions and politeness; strategies in social interaction. Cambridge: Cambridge University Press, 1978: 56–289.
[55] GRICE H P. Logic and conversation[C]// COLE P, MORGAN J. Syntax and semantics, Vol.3: speech acts, New York: Academic Press,1975.
[56] HALLIDAY M A K. On grammar[M]. London: Continuum, 2002.
[57] LAKOFF G. Women, fire and dangerous things: what categories reveal about the mind[M]. Chicago: The University of Chicago Press, 1987.
[58] LAKOFF R. The logic of politeness: or minding your P's and Q's[C]. Papers from the Ninth Regional Meeting of the Chicago Linguistic Society: Chicago Linguistic Society, 1973: 292–305.
[59] LEECH N G. Principles of pragmatics[M]. London: Longman, 1983.
[60] SEARL J R. Expression and meaning: studies in the theory of speech Acts[M]. Cambridge: Cambridge University Press, 1979.
[61] SPERBER D, WILSON D. Relevance: communication and cognition[M]. Oxford: Blackwell, 1995.

[62] WHORF B L. A linguistic consideration of thinking in primitive communities[C]// Language, thought and reality. New York, London: The Technology Press of Massachusetts Institute of Technology, John Wiley & Sons, Inc. 1959: 65–86.

[63] WHORF B L. Grammatical categories[C]// Language, thought and reality. New York, London: The Technology Press of Massachusetts Institute of Technology, John Wiley & Sons, Inc. 1959: 87–101.

[64] Аванесова Н. В. Эмоциональность и экспрессивность – категории коммуникативной лингвистики. Вестник Югорского государственного университета, 2010(2): 5–9.

[65] Адмони В. Г. Основы теории грамматики. М.: Л., 1964.

[66] Алехина И. В. А. П. Чехов и И. А. Бунин: функции подтекста: Автореф. дис. ...канд. филол. наук. Москва, 1989.

[67] Алиева М. Ч. Подтекст как средство актуализации языковой картины мира автора (на материале произведений А.П. Чехова и Л.Н. Толстого). Дис. ...докт. филол. наук. Махачкала, 2010.

[68] АН СССР. Русская грамматика. М.: Наука. 1980.

[69] Апресян Ю. Д. Лексическая семантика. Синонимические средства языка. М.: Наука, 1974.

[70] Арнольд И. В. Стилистика декодирования. Л.: ЛГПИ им. Герцена, 1974.

[71] Арнольд И. В. Импликация как прием построения текста и предмет филологического изучения. Вопросы языкознания, 1982(4): 83–91.

[72] Арутюнова Н. Д. Типы языковых значений: оценка, событие, факт. М.: Наука, 1988.

[73] Арнольд И. В. Интерпретация художественного текста: типы

выдвижения и проблема экспрессивности // Бухаркин П.Е. Семантика. Стилистика. Интертекстуальность. СПб.: Изд–во С.– Петерб. ун–та, 1999: 202–211.

[74] Астафьева И. М. Виды синтаксических повторов, их природа и стилистическое использование: Автореф. дис. ...канд. филол. наук. Москва, 1964.

[75] Ахманова О. С., Гюббенет И. В. «Вертикальный контекст» как филологическая проблема. Вопросы языкознания, 1977(3): 47–54.

[76] Ахманова О. С. Словарь лингвистических терминов. М.: Едиториал УРСС, 2004.

[77] Ашимова А. Ф. Идиостиль как проявление языковой личности автора на примере романа «Доктор Живаго». Вестник Мининского университета, 2013(3): 2–7.

[78] Бабайлова А. Э. Текст как продукт, средство и объект коммуникации при обучении неродному языку. Саратов: Изд. Саратовского университета, 1987.

[79] Бабенко Л. Г., Казарин Ю. В. Лингвистический анализ художественного текста. М.: Наука, 2003.

[80] Багдасарян В. Х. Проблема имплицитного: (логико–методологический анализ). Ереван: Изд–во АН Арм ССР, 1983.

[81] Балли Ш. Французская стилистика. М.: Изд–во иностранной литературы, 1961.

[82] Барышева А. И. Имплицитность как свойство публицистического текста(на материале языка и газеты). Дис. ...канд. филол. наук. Ура, 2015.

[83] Бахтин М. М. Проблемы поэтики Достоевского. М.: Худ. лит., 1972.

[84] Белянин В. П. Введение в психолингвистику. М.: ЧеРо, 1999.

[85] Бенвенист Э. Уровни лингвистического анализа // Звегинцев В.А. Новое в лингвистике. М.: ПРОГРЕСС, 1965: 434–449.

[86] Бицилли П. М. Творчество Чехова. Опыт стилистического анализа // Трагедия русской культуры: исследования, статьи, рецензии. М.: Русский путь, 2000: 204–417.

[87] Бодуэн де Куртенэ И. А. Избранные труды по общему языкознанию. М.: Изд–во Академии наук СССР, 1963.

[88] Болотнова Н. С. Филологический анализ текста. М.: Флинта: Наука, 2009.

[89] Бондарко А. В. Грамматическое значение и смысл. Л.: Наука, 1978.

[90] Бондарко А. В. Эксплицитность / имплицитность выражения смыслов в общей системе категоризации семантики // Семантико–дискурсивные исследования языка: Эксплицитность/имплицитность выражения смыслов. Калининград: Изд–во РГУ им. Канта, 2006: 22–33.

[91] Бондарко А. В. К вопросу об имплицитном представлении семантического содержания // Динамические модели. Слово, предложение, текст. Сборник статей в честь Е.В. Падучевой. М. : Языки славянских культур, 2008: 129–136.

[92] Борисова Е. Г. Имплицитность в языке и речи. М.: Языки русской культуры, 1999.

[93] Борисова Е. Г., Мартемьянов Ю. С. Имплицитность в языке и речи. М.: Языки русской культуры, 1999.

[94] Булыгина Т.В. Грамматические и семантические категории и их связи// Аспекты семантических исследований. М.: Наука, 1980.

[95] Бухбидер В. А., Розанов Е. Д. О целостности и структуре текста. Вопросы языкознания, 1975(6): 73–86.

[96] Валгина Н. С. Теория текста. М.: Голос, 2003.

[97] Васильева А. Н. Курс лекций по стилистике русского языка. М.: Русский язык, 1976.

[98] Виноградов В. В. О художественной прозе. Москва, Ленинград: Гос. Изд–во, 1930.

[99] Виноградов В. В. Из истории слова личность в русском языке середины ⅩⅨ в. // Доклады и сообщения филол. Факультета. М.: Изд–во Моск. ун–та, 1946.

[100] Виноградов В. В. Стилистика. Теория поэтической речи. Поэтика. М.: Изд–во Акад. наук СССР, 1963.

[101] Вольф Е. М. Функциональная семантика оценки. М.: Книжный дом «ЛИБРОКОМ», 2014.

[102] Воробьев В. В. Лингвокультурология теория и методы. М.: Изд–РУДН, 1997.

[103] Галкина–Федорук Е.М. Об экспрессивности и эмоциональности в языке. // Сб. статей по языкознанию. М.: Наука, 1958.

[104] Гальперин И. Р. Текст как объект лингвистического исследования. М.: КомКнига, 2007.

[105] Гальперин И. Р. Информативность единиц языка. М.: ЛЕНАНД, 2018.

[106] Гвоздев А. Н. Очерки по стилистике русского языка. М.: Просвещение, 1965.

[107] Гизатулин С. Л. Семантическая экономия и избыточность в речи. Филологические науки, 2001(2): 75–84.

[108] Гольцева Е. А. Имплицитные смыслы в рассказе А. П. Чехова

«Кухарка женится». Международный научно–исследовательский журнал, 2016(8): 102–104.

[109] Гюббенет И. В. К вопросу о «глобальном» вертикальном контексте. Вопросы языкознания, 1980(6): 97–102.

[110] Гюббенет И. В. К проблеме понимания литературно-художественного текста (на английском материале). М.: Изд–во МГУ, 1981.

[111] Давыдов В. В. Психологический словарь. М.: Педагогика, 1983.

[112] Демьянков В. З. О техниках понимания имплицитности речи // Семантико–дискурсивные исследования языка: Эксплицитность/имплицитность выражения смыслов. Калининград: Изд–во РГУ им. Канта, 2006: 34–52.

[113] Долинин К. А. Имплицитное содержание высказывания. Вопросы языкознания, 1983(6): 37–47.

[114] Долинин К. А. Интерпретация текста. М.: Просвещение, 1985.

[115] Домашнев А. И., Шишкина И. П., Гончарова Е. А. Интерпретация художественного текста. М.: Просвещение, 1989.

[116] Ермакова Е. В. Подтекст и языковые средства его формирования: на материале современной английской драмы: Автореф. дис. ...канд. филол. наук. Саратов, 1996.

[117] Ермакова Е. В. О некоторых источниках имплицитности в художественном тексте // Язык Сознание Культура. Саратов, 2008: 592–598.

[118] Ермакова Е. В. Многоаспектность проблемы имплицитности: имплицитность в языке и речи. Известия Саратовского Университета, 2009(9): 58–61.

[119] Зарубина Н. Д. Текст: лингвистический и методический аспекты. М.: Рус. яз., 1981.

[120] Звегинцев В. А. Предложение и его отношение к языку и речи. М.: Изд–во Московского университета, 1976.

[121] Земская Ю. Н., Качесова И. Ю., Комиссарова Л. М. Теория текста. М.: Флинта и Наука, 2010.

[122] Иванкова И. А. Реализация категории имплицитности в современном русском художественном тексте（на фоне немецкого языка）. Дис. ...канд. филол. наук. Волгоград, 2007.

[123] Исаева Л. А. Виды скрытых смыслов и способы их представления в художественном тексте. Дис. ...д–ра филол. наук. Краснодар, 1996.

[124] Кайда Л. Г. Стилистика текста: от теории композиции – к декодированию. Москва: Флинта, 2005.

[125] Караулов Ю. Н. Роль прецедентных текстов в структуре и функционировании языковой личности // Ⅵ Международный конгресс МАПРЯЛ. Доклады советской делегации. М., 1986.

[126] Карцевский С. О. Об асимметричном дуализме лингвистического знака // Звегинцев В.А. История языкознания ⅩⅨ–ⅩⅩ веков в очерках и извлечениях: в 2 ч. Ч. Ⅱ. . М.: Просвещение, 1965: 85–90.

[127] Кацнельсон С. Д. Типология языка и речевое мышление. Л.: Наука, 1972.

[128] Кожевникова Кв. К вопросу художественного воспроизведения высказываний повседневной устной речи в литературном произведении. Československá rusistika, 1965(2): 74–83.

[129] Козьма М. П. Подтекст как вторичная моделирующая система: на материале художественных произведений английских и американских

писателей: Автореф. ...канд. филол. наук. Оренбург, 2008.

[130] Колодина Н. И. Теоретические аспекты понимания и интерпретации художественного текста. Дис. ...д–ра филол. наук. Тамбов, 2002.

[131] Колядко Л. Г. Об имплицитном характере высказывания // Грамматика, лексикология и стилистика романских и германских языков. Минск: Мин. гос. пед. ин–т иностр. яз., 1980.

[132] Комлев Н. Г. Словарь иностранных слов. М.: Эксмо, 2006.

[133] Корольков В. И. К теории фигур // Сборник научных трудов МГПИИЯ, Вып. 78. М.: МГПИИЯ, 1973: 60–93.

[134] Красных В. В. «Свой» среди «чужих»: мир или реальность? . М.: 2003.

[135] Крылова О. А. Коммуникативный синтаксис русского языка. М.: Изд–во Рос. ун–та дружбы народов, 1992.

[136] Крысин Л. П. Иноязычные слова в современном русском языке. М.: Наука, 1968.

[137] Кузнецов С. А. Большой толковый словарь русского языка. Санкт–Петербург: НОРИНТ, 2000.

[138] Кузнецова А. Ю. Художественный текст как способ представления культуры. Вестник РУДН, сер. Русский и иностранные языки и методика их преподавания, 2007(2): 43–47.

[139] Кухаренко В. А. Интерпретация текста. М.: Просвещение, 1988.

[140] Левковская Н. А. В чем различие между сверхфразовым единством и абзацем. Филологические науки, 1980(1): 75–78.

[141] Лелис Е. И. Подтекст как лингвоэстетическая категория в прозе А.П. Чехова: Автореф. ...д–ра. филол. наук. Саратов, 2013а.

[142] Лелис Е. И. Подтекст как лингвоэстетическая категория в прозе А.П.

Чехова. Ижевск: Удмуртский университет, 2013b.

[143] Леонтьев А. А. Иноязычные вкрапления в русскую речь. Вопросы культуры речи, 1966(7): 60–68.

[144] Леонтьев А. А. Принципы связности и цельности текста // Лингвистика текста: матер. науч. конф.. М.: МГПИИЯ им. М. Тореза, 1974 (Ч.1.): 168–172.

[145] Леонтьев А. А. Психологический портрет лектора. М.: Знание, 1979.

[146] Лисоченко Л. В. Высказывания с имплицитной семантикой. Ростов н/Д.: Изд–во Рост. ун–та, 1992.

[147] Лихачев Д. С. Несколько мыслей о неточности искусства в стилистических направлениях // Philologica: Исследования по языку и литературе: Памяти акад. В.М. Жирмунского. Л.: Изд–во Наука, 1973: 394–401.

[148] Лосев А. Ф. Проблема символа и реалистическое искусство. М.: Искусство, 1976.

[149] Лосев А. Ф. Проблема художественного стиля. К.: Collegium, Киевская Академия Евробизнеса, 1994.

[150] Лосева Л.М. Межфразовая связь в текстах монологической речи: Автореф. дис. ...д–ра. филол. наук. Одесса, 1969.

[151] Лосева Л. М. Как строится текст. Москва: Просвещение, 1980.

[152] Лотман Ю. М. Беседы о русской культуре: Быт и традиции русского дворянства (XVIII – начало XIX в.) . СПб.: Искусство, 1994.

[153] Лотман Ю. М. Семиотика культуры и понятие текста // Нерознак В. П. Русская словесность. М.: Academia, 1997: 202–212.

[154] Лотман Ю. М. О содержании и структуре понятия "художественная литература" // Проблемы поэтики и истории литературы. Саранск:

Мордовский гос. ун–т им. Н.П. Огарева, 1973.
[155] Лукьянова Н. И. Экспрессивная лексика разговорного употребления: Проблемы семантики. Новосибирск: Наука: Сиб. Отд–ние, 1986.
[156] Маклакова Т. Б. Тропы и фигуры речи в процессе самоорганизации текста. Вестник бурятского государственного университета, 2010(10): 93–100.
[157] Малычева Н. В. Текст и сложное синтаксическое целое: системно–функциональный анализ. Ростов–на–Дону, 2003.
[158] Матвеева Т. В. Полный словарь лингвистических терминов. Ростов н/Д: Феникс, 2010.
[159] Матвеева Т. В. Учебный словарь: русский язык, культура речи, стилистика, риторика. М.: Флинта: Наука, 2003.
[160] Медынская В. Л. Об имплицитных структурах, выражающих некоторые синтаксические категории в русском языке. Филологические науки, 1971(3): 38–45.
[161] Межова М. В. Художественный текст как элемент культуры: переводческий аспект. Филологические науки, 2014(9): 106–109.
[162] Москальская О. А. Грамматика текста. М.: Высш. школа, 1981.
[163] Москвин В. П. Выразительные средства современной русской речи: тропы и фигуры. Общая и частная классификация. Терминологический словарь. Ростов–на–Дону: Феникс, 2007.
[164] Нелюбин Л. Л. Лингвостилистика современного английского языка. М.: МОПИ им. Н.К. Крупской, 1990.
[165] Никашина Н. В. Параллелизм как фактор композиционно–речевой организации текста («Соседи» А.П. Чехова). Вестник РУДН, серия Лингвистика, 2008(4): 68–74.

[166] Никашина Н. В. Композиция текста. Повторы и параллелизмы на материале новеллистки А.П. Чехова. Вестник РУДН, серия Теория языка. Семиотика. Семантика, 2011(3): 26–33.

[167] Новиков Л. А. Антонимия в русском языке (семантический анализ противоположности в лексике). М.: Изл–во Московского ун–та, 1973.

[168] Новиков А. И. Семантика текста и её формализация. М.: Изд–во Наука, 1983.

[169] Новиков А. И. Текст: сожержание и смысл. Ярославский педагогический вестник, 2000(1): 16–20.

[170] Новиков А. И. Текст и его смысловые доминанты. М.: Институт языкознания РАН, 2007.

[171] Падучева Е. В. Презумпции и другие виды неэксплицитной информации в предложении. Научно–техническая информация, 1981(11): 23–48.

[172] Панов М. И. Эффективная коммуникация: история, теория, практика: словарь–справочник. М.: Олимп, 2005.

[173] Пешкова Н. П. Имплицитность в тексте: препятствие VS стимул и условие понимания. Вопросы психолингвистики, 2009(9): 219–231.

[174] Пищальникова В. А. Проблема идиостиля. Психолингвистический аспект. Барнаул: Изд–во Алтайский государственного университета, 1992.

[175] Погожева О. В. Система характеристик имплицитности в рассказах А. П. Чехова и их роль в репрезентации иронии. Дис. ...канд. филол. наук. Майкоп, 2012.

[176] Потебня А. А. Из записок по русской грамматике: Т. 1–2. Харьков: Д. Н. Полуехтов, 1888.

[177] Пушкарева Н. В. Подтекст в художественном тексте, его семантика и лингвистические средства выражения. Вестник Санкт-Петербургского университета, 2009(9): 59–65.

[178] Реферовская Е. А. Лингвистические исследования структуры текста. Ленинград: Наука, 1983.

[179] Сазонова В. А. Антитеза как стилистический прием в прозе А.П. Чехова 1890-х гг.. Вестник Красноярского государственного педагогического университета им. В.П. Астафьева, 2010(1): 166–169.

[180] Сильман Т. И. Проблемы синтаксической стилистики. Л.: Просвещение, 1967.

[181] Сильман Т. И. Подтекст как лингвистическое явление. Филологические науки, 1969(1): 84–90.

[182] Сковородников А. П. Энциклопедический словарь-справочник. Выразительные средства русского языка и речевые ошибки и недочеты. М.: Флинта, 2009.

[183] Солганик Г. Я. Синтаксическая стилистика: сложное синтаксическое целое. М.: Высшая школа, 1973.

[184] Сорокин Ю. А. Текст: цельность, связность, эмотивность // Слюсарева Н. А. Аспекты общей и частной лингвистической теории текста. М.: Наука, 1982: 61–74.

[185] Сорокин Ю. А. Текст и экстралингвистические факторы // Шаховский В. И., Сорокин Ю. А., Томашева И. В. Текст и его когнитивно-эмотивные метаморфозы (межкультурное понимание и лингвоэкология). Волгоград, 1998: 16–33.

[186] Старкова А. П. Имплицитность как семантическое явление и её функции в художественном тексте: Автореф. дис. ...канд. филол.

наук. Москва, 1983.

[187] Степанов Ю. С. Имена. Предикаты. Предложения. М.: Наука, 1981.

[188] Степанова В. В. Слово в тексте: из лекций по функциональной лексикологии. Санкт–Петербург: Наука: САГА, 2006.

[189] Тамарченко Н. Д. Теоретическая поэтика: понятия и определения. М.: РГГУ, 2001.

[190] Телицына Е. Л. К вопросу о разграничении понятий эмоциональность, оценочность и экспрессивность. Вестник Югорского государственного университета, 2016(1): 79–83.

[191] Телия В. Н. Культурно–национальные коннотации фразеологизмов (от мировидения к миропониманию) // Толстой Н.И. Славянское языкознание. XI Международный съезд славистов. М.: Наука, 1993: 302–314.

[192] Тлехатук С. Р. Подтекст как лингвистическое явление в смысловой структуре художественного текста. Вестник Адыгейского государственного университета. Серия 2: филология и искусствоведение, 2010(1): 139–144.

[193] Тураева З. Я. Лингвистика текста (Текст: структура и семантика). М.: Просвещение, 1986.

[194] Фазылзянова Г. И. Понимание художественного текста как креативно–онтологический феномен. Дис. ... д–ра культурологии. СПб., 2009.

[195] Федосюк М. Ю. Неявные способы передачи информации в тексте. М.: МГПИ им. В.И. Ленина, 1988.

[196] Филиппов К. А. Лингвистика текста. СПб.: Изд–во С. –Петерб. Ун–та, 2003.

[197] Филиппов А. В., Романова Н. Н. Публичная речь в понятиях и

упражнениях: справочник. М.: Академия, 2002.

[198] Фреге Г. Смысл и денотат // Успенский В.А. Семиотика и информатика. Выпуск 35. М. : РУССКИЕ СЛОВАРЬ, 1997: 352–379.

[199] Фролкина Л. В. Смысловые импликатуры при выражении и восприятии интенционального значения высказывания. Дис. ... канд. Филол. Наук. Москва, 1995.

[200] Чернухина И. Я. Элементы организации художественного прозаического текста. Воронеж: Изд–во Воронеж. ун–та, 1984.

[201] Чернышева Т. А. Идиостиль: лингвистические контуры изучения. Вестник Череповецкого государственного университета, 2010(1): 30–34.

[202] Шахматов А. А. Синтаксис русского языка. Л.: Учпедгиз РФСРФ, 1941.

[203] Шведова Н. Ю. Очерки по синтаксису русской разговорной речи. М.: Изд–во Академии наук СССР, 1960.

[204] Шевченко Н. В. Основы лингвистики текста. М.: Приориздат, 2003.

[205] Щерба Л. В. Избранные работы по русскому языку. М.: Учпедгиз, 1957.

[206] Якобсон Р. О. Поморска К. Беседы. Berlin, 1988.

[207] Ярцева В. Н. Большой энциклопедический словарь. Языкознание. М.: Большая Российская энциклопедия, 1998.

[208] Яценко Н. Е. Толковый словарь обществоведческих терминов. СПб.: Лань, 1999.